Léon de Poncins

Les documents Morgenthau

Descendant d'une famille de parlementaires anoblis en 1696, le vicomte (de Montaigne) de Poncins était un fervent catholique qui connut un certain succès dans les années 1930. Léon de Poncins explique la plupart des grands bouleversements politiques et révolutionnaires de la modernité par l'action de courants issus de certaines sociétés secrètes porteuses d'une *"foi"* opposée à celle du christianisme : il vise notamment des mouvements révolutionnaires, juifs, sionistes ou autres, ainsi qu'une *"guerre secrète"* dirigée par une *"foi"* de nature diabolique.

Léon de Poncins collabora également à de nombreux journaux comme Le Jour, Le Figaro, L'Ami du peuple et Le Nouvelliste ; il dirigea également la revue Contre-Révolution de 1937 à 1939.

Il fut un ami d'Emmanuel Malynski, avec qui il rédigea La Guerre Occulte, et de Jean Vaquié avec qui il écrit dans Lectures françaises et Lecture et Tradition au Éditions de Chiré.

Durant le Concile de Vatican II, suite au vote, le 20 novembre 1964, lors de la troisième session, du schéma provisoire traitant de l'attitude de l'Église envers le judaïsme, Léon de Poncins a rédigé une brochure, *Le Problème juif face au Concile*, qui fut distribuée aux évêques avant la quatrième et dernière session. L'auteur y constatait « *de la part des Pères conciliaires une méconnaissance profonde de ce que constitue l'essence du judaïsme* ». Les conseils de Poncins eurent un effet notable dans la rédaction du Nostra Ætate adopté le 28 octobre 1965.

Thèses sur l'influence déterminante des société secrètes

Dans ses essais, il dénonce des complots maçonniques (les liens entre la franc-maçonnerie et la Révolution française, la Société des Nations, etc.) et l'influence juive dans les affaires catholiques. Jusqu'à sa mort, il dénonce les forces occultes et les organisations qui mènent le monde et corrompent le christianisme.

Il est dans la continuité de la *Revue internationale des sociétés secrètes* et des travaux de Mgr Jouin.

LES DOCUMENTS MORGENTHAU
Morgenthau Diary (*Germany*)

Le Sous-Comité de Sécurité Intérieure du Sénat américain en matière judiciaire a publié récemment une série de documents *qui* fournissent des renseignements très complets sur l'étrange activité du Ministère des Finances U. S. A. au cours des aimées cruciales 1934-1945(1). Ces documents présentent un intérêt capital car c'est toute l'histoire secrète de la politique étrangère du gouvernement américain *qui s'y* déroule sous nos yeux. Il s'agit de deux énormes volumes comportant au total 1 650 pages et *qui* traitent exclusivement de la politique américaine en ce qui concerne la guerre, l'Allemagne et l'Europe.

Le gouvernement américain voulant présenter ces documents à la Commission d'enquête du Sénat, a chargé le Dr Anthony Kubek, professeur d'histoire à l'Université de Dallas et chef de sa section historique, de présenter au Sénat un résumé clair et concis des *documents Morgenthau*. Ce résumé constitue un rapport de quatre-vingts pages qui est publié en introduction aux documents Morgenthau proprement dits. Dans les pages qui suivent, je vais donner un résumé de cette introduction. Les passages reproduits entre guillemets sont des citations intégrales du rapport Kubek.

---

1. — *Prepared by the Subcommittee to investigate the administration of the interna! Security act and other internal Security Iaws of the Committee on the Judiciary United States Senate.*
November 20, 1967. U. S. Government Printing Office Washington D. C.

Ces documents, publiés par le gouvernement des États-Unis, ont donc un cachet officiel d'authenticité indiscutable. Ils nous montrent l'influence énorme que ses conseillers juifs exerçaient sur le Président Roosevelt : B. Baruch – H. Morgenthau – Harry Dexter White, etc...

A une époque cruciale de l'histoire, un groupe de politiciens juifs a orienté secrètement la politique étrangère des États-Unis et a joué un rôle capital dans le déroulement des événements européens. Il s'agissait du ministre des Finances Henry Morgenthau, entouré de collaborateurs et de conseillers exclusivement juifs, poursuivant une politique purement juive sans se soucier un seul instant des intérêts américains.

Profitant de l'amitié intime qui l'unissait au Président Roosevelt, H. Morgenthau outrepassait complètement ses attributions, et, quoique simple ministre des Finances, il a dirigé de 1934 à 1945 la politique étrangère américaine en passant par dessus la tête des ministres de la Guerre et des Affaires Etrangères, normalement qualifiés pour cela mais qui étaient impuissants à s'y opposer et qui parfois ignoraient purement et simplement les décisions prises en secret par Morgenthau et Roosevelt.

Tel fut le cas notamment de la fameuse *Conférence de Québec*, où des décisions capitales pour l'avenir de l'Europe furent prises entre Roosevelt et Churchill. Seuls étaient présents à cette conférence Morgenthau et Harry Dexter White ; Stimson et Hull, ministres de la Guerre et des Affaires Etrangères en avaient été soigneusement écartés.

L'on se souvient peut-être que l'abolition de toute diplomatie secrète était un des buts de guerre, formulé en 1918 par Wilson, alors Président des États-Unis, comme étant une des bases essentielles de la démocratie.

* *

« Les documents présentés ci-dessous, nous dit le professeur Kubek, se rapportent à la politique envers l'Allemagne menée par le ministère des Finances au cours de la deuxième guerre mondiale et de la période immédiate d'après-guerre. Ils montrent à quel point ce ministère outrepassait sa juridiction et exerçait une pression abusive et incontrôlée sur la politique étrangère. »

Les principaux collaborateurs du Président Roosevelt pour la politique étrangère étaient naturellement les ministres des Affaires Etrangères, de la Guerre et de la Marine. Mais il faut y ajouter, pendant la période ci-dessus mentionnée, le ministre des Finances, Morgenthau.

« Avant d'être nommé ministre des Finances, Morgenthau avait vécu vingt ans près de la maison de Roosevelt, à Hyde Park, N.Y., et on pouvait le considérer comme un de ses plus intimes et plus fidèles amis. »

Cette amitié explique sa nomination et l'influence énorme qu'il exerça pendant toute la guerre sur la politique étrangère des U.S.A.

« La conduite de la politique américaine consomme aujourd'hui une part si importante du budget annuel que le ministre des Finances et ses experts sont automatiquement mêlés aux décisions diplomatiques de tous ordres. Mais à l'époque de Roosevelt, le profond engagement du ministre Morgenthau dans les questions de portée internationale contraria beaucoup les autres membres du Cabinet et créa des frictions considérables avec le ministère des Finances...

« ... Dans ses *Mémoires*, le ministre des Affaires Etrangères, Cordell Hull, en parle en ces termes : Sentimentalement bouleversé par l'ascension de Hitler et sa persécution contre les Juifs, Morgenthau chercha souvent à persuader le Président de devancer les Affaires Etrangères ou d'agir contrairement à nos meilleurs avis. Nous l'avons parfois trouvé en train de mener des négociations avec les gouvernements étrangers qui étaient du ressort des Affaires Etrangères. Son travail dans l'élaboration d'un plan catastrophique concernant le traitement de l'Allemagne après-guerre qu'il poussa le Président à accepter sans consulter le ministère des Affaires Etrangères, fut un exemple flagrant de cette ingérence.

« Ailleurs, dans ses *Mémoires*, Hull reconnaît que Morgenthau était un administrateur compétent ayant une « excellente organisation... habilement menée par Harry Dexter White ». De fait, ce fut le Dr Harry Dexter White, principal conseiller de Morgenthau en questions monétaires, puis adjoint au ministre des Finances, qui dirigea la plupart des affaires importantes du ministère. *Le Journal* révèle l'influence de White qui fut considérable au cours des années de la deuxième guerre mondiale. »

Peu après que Morgenthau eut été nommé ministre, en 1934, White, qui avait enseigné à Lawrence College, Appleton (Wis.) et qui allait être docteur de l'Université de Harvard, vint le rejoindre comme analyste économique.

« En 1938, le poste de directeur de la Recherche Monétaire fut créé pour lui et au cours de l'été 1941, il reçut le titre et les fonctions supplémentaires d'« adjoint au ministre ». Parlant haut, portant moustache et s'habillant avec soin, il fut une des figures éminentes des Finances, mais il resta inconnu du public jusqu'à ce qu'en 1945, des articles de journaux le découvrirent comme étant le réel architecte des projets monétaires du ministre Morgenthau pour la période de l'après-guerre. »

« White soumettait ses plans et ses idées au ministre et celui-ci, très souvent, les portait directement au Président, car Morgenthau avait accès auprès du Président beaucoup plus facilement que n'importe quel autre membre du cabinet. Dans le cabinet, il était au-dessous du ministre des Affaires Etrangères, mais souvent Hull s'est plaint de ce « qu'il agissait comme s'il avait autorité » pour s'ingérer dans le domaine des Affaires Etrangères... »

« Pendant des années, White introduisit aux Finances et dans d'autres services du gouvernement, de nombreux spécialistes en économie, avec lesquels il travaillait étroitement. White et ses collègues étaient donc en mesure d'exercer sur la politique extérieure américaine une influence qui, selon *Le Journal*, aurait été profonde et sans précédent. Ils usèrent de leur pouvoir de différentes manières pour préparer et promouvoir ce qu'on a appelé « *le Plan Morgenthau* » concernant le traitement à appliquer à l'Allemagne après-guerre. Leur pouvoir ne se limitait pas à l'autorité qui leur était déléguée ; disons qu'il était en fonction de l'accès qu'ils avaient auprès du ministre Morgenthau et de leur influence sur lui et sur d'autres fonctionnaires. »

Or, White et plusieurs de ses collègues, qui étaient les réels promoteurs de la politique nationale vitale pendant ces années cruciales, furent identifiés, par la suite, comme appartenant à un réseau d'espionnage communiste.

« Deux d'entre eux, Frank Coe et Solomon Adler, avaient travaillé pendant des années pour le compte des communistes chinois en Asie. Dans *Le Journal* de Morgenthau, on peut glaner de nombreux détails sur les vastes opérations d'espionnage politique de ce groupe, spécialement dans la zone de subversion politique. »

Leur activité communiste au sein du gouvernement fut révélée par Elizabeth Bentley et Whittaker Chambers, devant le Comité de la Chambre, en 1948, et dans les auditions devant le Sous-Comité de Sécurité Intérieure du Sénat, sur les opérations du groupe communiste au sein de l' « *Institut des Relations dans le Pacifique* » ; le nom de White revenait sans cesse.

« Par la suite, lorsque le Sous-Comité s'occupa de l'enchevêtrement de la subversion dans les services du gouvernement, ses auditions dévoilèrent de nouvelles données sur les activités de White et sur ses rapports avec les membres du groupe communiste qui opérait au sein du gouvernement. Le Dr White était le centre de toute cette activité. Son nom servait de référence aux membres du réseau d'espionnage lorsqu'ils sollicitaient un emploi fédéral. Il organisait leur transfert de bureau à bureau, de ministère à ministère. Il leur assignait des tâches internationales » Il se portait garant de leur loyauté et les protégeait lorsque le scandale les menaçait. »

Lorsque l'ancien courrier communiste, Elizabeth Bentley, comparut devant le Sous-Comité, en 1952, elle donna une image atterrante du plan fondamental de la pénétration communiste. Un des deux groupes qu'elle « manipulait à Washington », était dirigé par Nathan Gregory Silvermaster, fonctionnaire au ministère des Finances. Concernant les voies d'accès pour placer certaines personnes dans des postes stratégiques, elle déclara : « Deux de ces meilleures voies étaient Harry Dexter White et Lauchlin Currie. Ils avaient une immense influence et ils connaissaient les gens et ce qu'ils disaient était accepté lorsqu'ils recommandaient quelqu'un. »

Canadien de naissance, économiste de l'Université de Harvard, Currie vint à Washington en 1934 ; il entra aux Finances puis au *Federal Reserve Board*. En 1939, il fut nommé un des six adjoints administratifs au Président pour s'occuper » spécialement de la politique et des problèmes économiques internationaux.

« Grâce à Currie, à la Maison Blanche et à White aux Finances, le scénario était monté pour développer ce que le ministre Hull a appelé le « *catastrophique* » programme de l'organisation de l'Allemagne après-guerre, et connu sous le nom de « Plan Morgenthau ».

« Énoncé en quelques mots, l'objectif du *Plan Morgenthau* était de désindustrialiser l'Allemagne et de réduire son peuple à une existence pastorale, après la victoire. Si cela pouvait se réaliser, les militaristes allemands ne se relèveraient jamais plus pour menacer la paix du monde. Telle était la justification de ce plan avoué ; mais un autre motif se cachait derrière. Ce motif inavoué a été dévoilé par un article du *New-York Herald Tribune*, en septembre 1946, plus d'un an après l'effondrement de l'Allemagne. Le but réel du projet de condamnation de « toute l'Allemagne à un régime permanent de pommes de terre », était la communisation de la nation vaincue. « La meilleure façon de jeter le peuple allemand dans les bras de l'Union Soviétique », était-il indiqué, « était de faire des États-Unis le champion d'une misère dure et aveugle en Allemagne ». Et c'est bien ce qui est apparu lorsque, dans un récent discours, le ministre des Affaires Etrangères Molotov exprima l'espoir que l'Union Soviétique « transforme » l'Allemagne en « un état démocratique et pacifique qui, en dehors de son agriculture, aura sa propre industrie et son commerce extérieur ». La Russie a-t-elle vraiment formé le projet de devenir le sauveur d'une Allemagne prostrée à la suite du destin vengeur que les États-Unis avaient tramé contre elle ? Si tel fut véritablement le motif caché du *Plan Morgenthau*, que penser du principal auteur du projet ? Fut-ce là le motif de Harry White ? White agit-il en tant que communiste, mais sans instructions spécifiques ? Agit-il comme agent soviétique lorsqu'il rédigea ce plan ? »

Le Journal de Morgenthau ne mentionne pas expressément que White fut communiste ou agent des Soviets, mais il donne une singulière vraisemblance aux témoignages de hauts personnages qui déclarèrent qu'il était l'un et l'autre, depuis son entrée au service du gouvernement des États-Unis.

« Avant l'entrée des États-Unis dans la seconde guerre mondiale, les principaux efforts du ministre Morgenthau se portèrent sur l'armement des Alliés contre le Japon et l'Allemagne. Personne à Washington ne fut sans doute plus engagé dans l'aide aux Alliés et plus ardent à favoriser la défense nationale que Morgenthau. A l'époque, le ministre Hull craignait que la fervente croisade menée par Morgenthau n'aille trop loin dans la provocation des puissances de l'Axe. *Le Journal* montre de vifs désaccords entre les Affaires Etrangères et les Finances sur l'administration des contrôles de l'exportation et des fonds étrangers en dépôt aux États-Unis. »

Morgenthau entra souvent en conflit avec les Affaires Etrangères parce qu'il s'arrogeait des prérogatives qui relevaient nettement de ce ministère : correspondance ou discussions avec les ambassadeurs et les hommes d'États étrangers ; mainmise sur le contrôle du matériel de guerre.

Hull souffrait beaucoup de ce qu'il regardait comme une inqualifiable ingérence dans le domaine des affaires étrangères que souvent d'ailleurs, Morgenthau connaissait mal.

De même, Morgenthau essayait de se procurer des documents qui ne concernaient en rien les Finances ou d'introduire dans les ministères et les commissions des hommes aussi dangereux que Lauchlin Currie ou Silvermaster qui travaillaient tous deux pour les Soviets et dérobaient des documents à la Maison Blanche ou aux Finances au profit de ceux-ci.

En 1945, Morgenthau offrit à Silvermaster un poste important aux Finances. L'activité de Silvermaster en politique étrangère y fut très importante. Dans un *mémorandum* qu'il adressa à Morgenthau le 19 juin 1945, il conseille « d'établir une solide amitié soviéto-américaine » et se réjouit de ce que le Président Truman « se prépare avec ardeur » à la prochaine entrevue des Trois Grands à Postdam et l'encourage à faire un voyage à travers l'Union Soviétique.

« Un voyage à travers l'Union Soviétique et la Sibérie permettrait au Président de revenir de l'entrevue des Trois Grands avec une connaissance personnelle plus intime et des relations personnelles plus directes avec de hauts personnages qui en savent plus que tout autre Américain ou Anglais. »

« Quiconque étudie *Le Journal* de Morgenthau ne peut manquer d'être profondément impressionné par l'énorme puissance accumulée dans les mains avides du Dr Harry Dexter White qui, en 1953, fut identifié par J. Edgar Hoover comme agent de l'espionnage soviétique. Après la crise de Munich au printemps 1938, le ministre Morgenthau invita White, alors chef de la Division de la Recherche Monétaire, à devenir membre régulier du « Groupe 9.30 » composé de ses principaux conseillers. »

Après Pearl-Harbour, M. Harry D. White, adjoint au ministre, assuma la pleine responsabilité de toutes les questions du ministère des Finances se rapportant aux relations étrangères puis bientôt celle de toutes les questions financières et économiques du ministère en liaison avec les opérations de l'armée et de la marine. Pour un agent soviétique, les occasions offertes par ces fonctions étaient incalculables. Enfin, en décembre 1944, Morgenthau fit pression sur le Président Roosevelt pour que White fut nommé ministre adjoint aux Finances.

L'influence de Harry Dexter White et de ses collègues dans l'élaboration du projet du *Plan Morgenthau*, qui éliminait l'Allemagne comme puissance mondiale pour le plus grand profit de l'Union Soviétique, fut considérable.

« En 1952, Elizabeth Bentley donna un aperçu extraordinairement révélateur de la manière dont White contrôla le projet du programme du ministre Morgenthau pour la destruction de l'Allemagne. Lorsque les membres du Sous-Comité du Sénat de la Sécurité Intérieure demandèrent à Miss Bentley si elle connaissait un « *Plan Morgenthau* » similaire pour l'Extrême-Orient, elle répondit :

— « Non, le seul *Plan Morgenthau* que je connaisse est celui sur l'Allemagne.

— « Sénateur Eastland : Vous avez bien dit qu'il y avait un complot communiste pour détruire l'Allemagne et l'affaiblir pour qu'elle ne puisse plus nous aider ?

— « Miss Bentley : C'est exact. Elle ne serait plus une barrière qui protègerait le monde occidental.

— « Sénateur Eastland : Et que M. Morgenthau, qui était ministre des Finances des États-Unis, était utilisé par les agents communistes pour fomenter ce complot ?

— « Miss Bentley : Oui, j'en ai peur. »

En novembre 1953, J. Edgard Hoover devait témoigner devant le Sous-Comité que « tous les renseignements fournis par Miss Bentley qui avaient pu être vérifiés s'étaient avérés exacts et furent par la suite « corroborés par le témoignage de Whittaker Chambers. »

D'autres hauts fonctionnaires tels que Joseph J. O'Connell et Robert McConnell travaillèrent aussi au programme des Finances sur le contrôle de l'Allemagne après-guerre, qui prévoyait le démantèlement de son industrie lourde au profit des Alliés, de ses usines de pétrole, la « fermeture » de la Ruhr, le paiement d'une « somme globale en ressources matérielles, humaines et en territoire » et la rééducation du peuple allemand pour en faire une nation pacifique.

« Le plan que Roosevelt et Churchill approuvèrent à la conférence de Québec, en septembre 1944, incorporait bien des idées fondamentales recommandées par McConnell. « J'ai un rapport ici qu'il (McConnell) m'a donné sur les aciéries allemandes et sur l'économie de l'Allemagne, écrivait Dan Bell, un des principaux adjoints de Morgenthau. »

.. ..

« Entre temps, le ministère des Affaires Etrangères avait terminé, le 31 juillet 1944, ses propres propositions sur l'Allemagne d'après-guerre. Intitulées « Rapport sur les Réparations, Restitutions et Droits de Propriété – Allemagne », elles étaient diamétralement opposées au plan des Finances en cela qu'elles prévoyaient « la reconstruction rapide et la réhabilitation des régions dévastées ». Il ne devait pas y avoir un « affaiblissement permanent sur une grande échelle de toute l'industrie allemande ; au contraire, le rapport demandait « une éventuelle intégration de l'Allemagne dans l'économie mondiale. »

« Après la conférence de Bretton Woods en juillet 1944, White obtint, sans doute de Frank Coe ou de Harold Glasser, un exemplaire des propositions du ministère des Affaires Etrangères, ce qui constitue sans doute le trait le plus important de sa carrière secrète d'agent soviétique. Il le montra immédiatement à Morgenthau. »

En août 1944, Morgenthau, accompagné de White, se rendit en Angleterre pour rencontrer son représentant personnel à l'état-major d'Eisenhower, le lieutenant-colonel Bernard Bernstein. Ayant appris que le général Eisenhower partageait ses vues sur le traitement de l'Allemagne après-guerre « il avait maintenant un puissant soutien qu'il allait utiliser efficacement pour défier ces individus des ministères de la Guerre et des Affaires Etrangères qui préconisaient une paix molle. »

Le 12 août, il organisa une réunion de hauts fonctionnaires américains qui se trouvaient à Londres pour s'occuper du problème de l'Allemagne après-guerre, et en termes simples, il exposa pour la première fois officiellement la substance du plan des Finances dont le but était de détruire l'économie allemande et sa puissance militaire.

« Après avoir écouté Morgenthau et White exposer le plan, Philip Mosely, conseiller aux Affaires Etrangères déclara que leurs idées étaient : « extravagantes, enfantines et imbéciles ». Mais ces critiques ne firent aucune brèche dans leur détermination. Sans égard pour la façon dont les autres pouvaient réagir à leurs idées, ils n'apportèrent aucune modification. « Je pensais que vos idées étaient déjà cristallisées avant cela », dit plus tard White à Morgenthau, « et vous avez seulement essayé de connaître leurs idées et de leur dire les vôtres ». La nature des arguments de Morgenthau rendait difficile l'application d'une analyse logique. « Lorsque... M. Morgenthau soutenait que l'Allemagne devrait être convertie en pays purement agricole », rappelle Penrose, « j'ai fait remarquer qu'en plus des autres aspects de la question un tel changement était impossible à cause de la proportion entre la population et les terres cultivables. Sa réplique fut que le surplus de la population devrait être déversé en Afrique du Nord ! Une telle discussion ne valait pas d'être poursuivie ». Après son retour d'Angleterre, Morgenthau était visiblement ébranlé. Le Président, pensait-il, allait devoir intervenir. « Il va être terriblement occupé », dit Morgenthau à son service. « Rien n'a été fait en ce qui concerne l'Allemagne. Je vais en parler à Hull, car ses fonctionnaires sont les pires... Ça va être un joli travail ». Dan W. Bell acquiesça. « Il était sûr, dit-il, que les Affaires Etrangères voulaient établir une Allemagne bien forte », entre les États-Unis et la Russie Soviétique. »

Morgenthau se rendit chez le ministre Hull pour lui faire part des contacts qu'il avait eus à Londres. Il lui expliqua qu'il avait demandé au général Eisenhower de lui donner son point de vue sur le traitement de l'Allemagne après sa reddition ; celui-ci lui avait déclaré que pendant les premiers mois qui suivraient l'entrée des Alliés en Allemagne, celle-ci « devrait mijoter dans son jus ».

Le ministre de la Guerre Stimson ne partageait pas les dispositions du *Plan Morgenthau* et, en ce qui concerne la Sarre notamment, il voulait maintenir le statu quo social sous contrôle international. Morgenthau lui opposa sa crainte de voir resurgir l'Hitlérisme.

« Stimson ayant reconnu cette éventualité, Morgenthau lança sa proposition sous forme de question. « Ne croyez-vous pas qu'il faudrait prendre exemple sur Hitler et retirer complètement ces enfants à leurs parents, les mettre sous la tutelle de l'État et faire diriger ces écoles par d'anciens officiers des armées américaine, anglaise et russe pour leur apprendre le véritable esprit démocratique ? » Lorsque Stimson répondit qu'il n'avait guère pensé à cela, Morgenthau lui annonça qu'il allait prendre l'initiative d'en parler au Président ; il fallait que celui-ci donne des instructions aux Affaires Etrangères, à la Guerre et aux Finances pour que ces ministères préparent, en commun, un plan sur l'Allemagne d'après-guerre. Il se garda bien d'ajouter que les fonctionnaires des Finances travaillaient à ce plan depuis plus d'un an. »

Au début de 1944 avait été créée, à Londres, sous l'égide du Grand

Quartier Général des Forces Expéditionnaires Alliées (SHAEF), « l'Unité du Pays Allemand » (German Country Unit) chargée d'élaborer des plans exacts sur l'occupation militaire de l'Allemagne après la guerre. Elle avait préparé trois projets d'un « Manuel pour le Gouvernement Militaire de l'Allemagne dont les différences avec le *Plan Morgenthau*, sur la manière de traiter l'Allemagne, étaient considérables.

Sous la pression de Morgenthau auquel un exemplaire de ce projet avait été remis, sans doute par son agent personnel en Europe, le lieutenant-colonel Bernstein, la publication de ce manuel ne fut pas autorisée et le Président Roosevelt exigea une attitude plus dure à l'égard de l'Allemagne et donna ordre que « tous les exemplaires » du manuel soient retirés immédiatement.

Le projet fut remanié par White dans un esprit tout à fait différent de l'original.

« En vérité, il est remarquable de voir comment les Finances intervinrent pour obliger le ministère de la Guerre à changer sa politique fondamentale sur l'Allemagne d'après-guerre. « Si nous n'étions pas allés en Angleterre » déclara Morgenthau à son service, « et si Harry ne m'avait pas donné le document du ministère de la Guerre (du 31 juillet)... les choses auraient continué, le manuel (sic) aurait paru et personne n'aurait été plus avancé. Ils auraient pris les devants et réalisé ce qui était dans le manuel. »

... ...

« Selon le lieutenant-colonel John Boetiger, gendre du Président, Bernstein était considéré sur tout le théâtre européen comme représentant les idées de Morgenthau et comme « extrémiste ». Plus tard, il devait être identifié par le Sous-Comité comme puissant partisan des causes pro-communistes. Il défendait vigoureusement l'Union Soviétique, notamment dans sa manière d'exécuter l'accord de Postdam. Selon le Daily Worker du 21 février 1946, l'intéressé avait déclaré : « Seuls les Russes ont montré qu'ils voulaient exterminer le Fascisme et le Nazisme…

« L'influence du ministre des Finances dans l'élaboration de la politique américaine est dramatiquement illustrée par la position exceptionnelle tenue par le colonel Bernstein. »

« Il entretenait, en effet, les contacts les plus étroits avec Morgenthau, White et autres fonctionnaires des Finances et sur simple demande, il pouvait se rendre à Washington. Sa propagande était très active. La plupart du personnel de son bureau venait directement des Finances. »

Un autre protégé de White qui joua un rôle assez important fut Irving Kaplan, représentant les Finances à la section de contrôle des fonds étrangers du *U.S. Group Control Council* qui avait remplacé le « *German Country Unit* ». Son influence sur la politique d'occupation en Allemagne était considérable. En juin 1945, il fut nommé au ministère des Finances par Frank Coe qui fut identifié par Miss Bentley comme agent d'espionnage soviétique.

Comme ministre des Finances, Morgenthau participait naturellement à la politique à appliquer après-guerre à l'Allemagne. Mais il fouilla profondément les questions sans rapport avec l'économie.

Tout le service de White travaillait activement à la préparation de la politique américaine à l'égard de l'Allemagne de l'après-guerre. Le 28 août 1944, un de ses subordonnés, Henri J. Bitterman, soumit un *mémorandum* sur le partage de l'Allemagne dans lequel étaient intégrées les revendications de la Russie sur le territoire allemand.

Les recommandations des autres ministères concernant le traitement de l'Allemagne après la victoire des Alliés, étaient constamment remises en question par les Finances.

Le 1er septembre 1944, le ministère des Affaires Etrangères présenta un projet intitulé : « Politique américaine pour le traitement de l'Allemagne après sa reddition » qui pressait le gouvernement de faire connaître sur quelles bases devait être menée cette politique. Il y était dit notamment :

« Si un vaste programme de destruction industrielle ou de démantèlement était accepté, « il apporterait de vastes et importants changements dans l'ensemble de l'économie européenne ». Puisque les denrées alimentaires étaient insuffisantes en Allemagne, il était douteux « qu'un plan faisant de l'Allemagne un pays à prédominance agricoles put être réalisé sans la liquidation ou l'émigration de plusieurs millions d'Allemands. De plus, l'Allemagne étant un gros producteur de charbon et de bauxite, « un programme de naufrage » pourrait avoir pour conséquences une opposition considérable de l'Europe à cause de ses répercussions sur l'économie continentale. Enfin, si un programme de réparations devait être adopté, la destruction de l'industrie allemande le rendrait impraticable, sinon impossible. »

« Morgenthau et White, qui n'approuvaient pas cette analyse, avaient hâte de faire accepter leur propre programme par le Président avant que les Affaires Etrangères et la Guerre puissent intervenir efficacement »

Le 1er septembre, les Finances, à leur tour, sortirent un nouveau projet intitulé : « Suggestions pour un programme sur l'Allemagne après la Reddition » qui insistait une fois de plus sur la « complète démilitarisation de l'Allemagne » et la « totale destruction » de son industrie.

La Ruhr devait non seulement être « dépouillée de toutes les industries existant à ce jour », mais si « affaiblie et contrôlée » qu'elle ne pourrait plus dans un avenir prévisible, devenir une région industrielle efficace. Toutes ses installations devaient être « complètement démantelées » ou « complètement anéanties » et ses mines « détruites ».

Le lendemain, White présenta ce projet au cours d'une réunion de fonctionnaires des Affaires Etrangères, de la Guerre et des Finances, organisée par Harry Hopkins, dans son bureau de la Maison Blanche. Par la suite, le projet de White fut incorporé dans ce qu'on a appelé le « *Plan Morgenthau* » tel qu'il fut révélé à la conférence de Québec. Le plan était essentiellement fondé sur la vengeance et non sur des principes de saine économie. Il se refusait aveuglément à considérer le fait fondamental que les Alliés victorieux, en frappant l'Allemagne, frapperaient le cœur économique de l'Europe. L'économie de l'Europe qui, pendant des générations, avait dépendu de certaines matières premières allemandes allait maintenant se trouver terriblement paralysée. De plus, l'exécution du plan des Finances ne pouvait avoir pour résultat que de laisser l'Union Soviétique dans une position privilégiée pour dominer l'Europe Centrale. »

Dans la préparation du projet des Finances, le Dr Harold Glasser, économiste appartenant à ce ministère depuis 1936, fut lui aussi étroitement associé à White. »

« *Le Journal* de Morgenthau mentionne fréquemment Glasser comme ayant travaillé à la préparation des projets d'après-guerre pour le contrôle de l'Allemagne. D'après le témoignage d'Elizabeth Bentley corroboré par celui de Wittaker Chambers, Glasser était membre d'une cellule communiste. »

« Concernant le châtiment des chefs nazis, White suggéra la préparation d'une liste de « criminels de guerre » et sa présentation aux officiers américains qui étaient sur place pour leur permettre d'identifier convenablement les coupables et de les tuer sur-le-champ. John Pehle, l'avocat des Finances, remarqua que c'était une bonne idée, mais il ajouta : « Si l'on fait quelque chose, il faut le faire tout de suite ou alors on ne fera rien.

« Dans toutes les discussions, Morgenthau et White revenaient sans cesse sur la nécessité de « liquider » la Ruhr, ce en quoi le Président Roosevelt était d'accord avec eux. Selon les propres paroles de ce dernier, il fallait « nourrir sa population avec les cuisines roulantes de l'armée américaine ». Le bassin de la Sarre devait subir le même sort. »

« Si la Ruhr et la Sarre pouvaient devenir « improductives et être dépouillées de leurs machines, et si leurs mines pouvaient être noyées, dynamitées et détruites » (disait Morgenthau) « l'Allemagne serait impuissante à faire la guerre. »

.. ..

« Tel était le caractère des avis émis par le ministre Morgenthau sur le traitement de l'Allemagne après-guerre. Jamais dans l'histoire américaine un programme aussi vindicatif à l'égard d'une nation vaincue n'avait été proposé. L'influence sans précédent exercée par les Finances sur la détermination de la politique américaine envers l'Allemagne avait permis aux sophismes, aux faux-fuyants qui éludaient les questions, et au mépris délibéré des relations économiques essentielles, de se manifester dans le plan d'après-guerre tel qu'il avait été adopté. Il en résultait qu'aucun papier, de quelque importance qu'il soit, traitant de l'occupation de l'Allemagne, ne pouvait être mis en circulation sans l'approbation des Finances. Les ministères de la Guerre et des Affaires Etrangères étaient devenus virtuellement les subordonnés des Finances dans le domaine de leur responsabilité. »

« Au cours d'une réunion interministérielle du 2 septembre 1944, Harry Dexter White donna ce que James Riddleberger, expert allemand du ministère des Affaires Etrangères, a appelé « une interprétation plutôt prolixe de son plan qui, dans sa teneur générale, était plus extrême que le *mémorandum* lui-même des Finances. »

La différence des points de vue entre les Finances et les autres ministères éclatait à chaque réunion. Si Hull favorisait l'élimination de l'Allemagne comme première puissance économique d'Europe, il n'en suggérait pas moins l'établissement d'un niveau de vie suffisant.

« Morgenthau, au contraire, insistait pour que la population allemande soit placée en état de famine. Stimson était d'accord avec les recommandations de Hull excepté qu'il préférait un haut niveau de vie.

Aux Allemands, il voulait appliquer « les principes de Christianisme et la bonté ». Les remarques de Stimson provoquèrent la colère de Morgenthau et de Hopkins, qui tous deux insistèrent sur l'élimination totale de l'Allemagne comme facteur économique européen avec un régime moins que suffisant pour sa population. Hopkins argumenta même contre « toute aciérie » en Allemagne après-guerre. »

« L'opposition opiniâtre de Stimson au *Plan Morgenthau* est une des révélations principales du *Journal*. Tout à fait opposé au programme des Finances sur « la fermeture » de la Ruhr, il prédit que « trente millions d'hommes mourraient de faim si la Ruhr était fermée. »

Dans une conversation téléphonique où Morgenthau et Hopkins ironisent sur la position prise par Stimson à l'égard de l'Allemagne il est dit : « Morgenthau : Et je pense que si nous pouvions approfondir un peu plus, nous découvririons que, comme quelques autres confrères, il a peur de la Russie. »

« Le 6 septembre, Morgenthau, Hull et Stimson rencontrèrent le Président. Morgenthau continua à réclamer instamment une politique implacable à l'égard de l'Allemagne. »

Roosevelt était d'accord pour démanteler la Ruhr et noyer les mines ; il voulait donner à l'Angleterre les matières premières de cette région. Stimson s'efforçait de contrecarrer ses projets.

Le 9 septembre, Morgenthau et ses collaborateurs réunis, de nouveau, dans le bureau du Président, présentèrent le détail du plan qu'ils avaient appelé le « *Livre Noir* » (Black Book) et qui fut, une fois de plus, vigoureusement combattu par Stimson.

« Lorsque le Président quitta Washington au soir du 9 septembre pour se rendre à Québec, à la réunion historique avec le Premier ministre britannique, il emporta un exemplaire du *Livre Noir*. Morgenthau accompagna Roosevelt à la gare et décida de partir dans le Nord. Lorsque le train s'arrêta le lendemain à Hyde Park, Morgenthau se rendit à sa ferme non loin de là. Mais il ne s'attarda pas longtemps à Fishkill Hook. Ami de longue date de Roosevelt, il savait combien il était facile au Président de remettre un projet à plus tard ; et cette fois, personne n'était là pour saisir l'occasion.

« Trois jours après, Roosevelt télégraphia à Morgenthau : « Veuillez être à Québec jeudi 14 septembre, à midi ». Immédiatement, Morgenthau prit la décision d'emmener White. En préparant leurs bagages pour le voyage, ils n'oublièrent pas de joindre un exemplaire du *Livre Noir* pour l'offrir à Lord Cherwell, un des conseillers les plus intimes de Churchill. »

« Le plan sur l'Allemagne d'après-guerre qui fut présenté à la conférence de Québec fut précisément celui qui était exposé dans le *Livre Noir* de Harry Dexter White et de ses collaborateurs. Ce plan demandait le rejet de la Charte Atlantique signée par Roosevelt et Churchill trois ans auparavant. »

Au début, Churchill s'emporta violemment contre le plan, mais bientôt il devait changer d'attitude.

« Qu'est-ce donc qui incita Churchill à changer d'avis et à accepter le plan des Finances ? C'est que Harry Dexter White avait donné à entendre à Lord Cherwell, qui était auprès de Churchill à Québec, que si le Premier ministre approuvait le plan américain, les Britanniques pourraient recevoir le prêt important qu'ils recherchaient. Morgenthau avait compris qu'une garantie de continuer l'aide financière, même après la fin de la guerre, l'emporterait dans l'esprit de Churchill.

Un prêt de six milliards et demi de dollars fut promis à Churchill pour l'aider à surmonter les difficultés de la période allant de la fin de la guerre en Europe jusqu'à la reddition du Japon.

« Du propre aveu de White, Morgenthau avait donc offert à Churchill un prêt en échange de son acceptation du plan des Finances sur l'Allemagne d'après-guerre. Mais plus importantes encore sont les questions suivantes : White conseilla-t-il ou encouragea-t-il ou inspira-t-il Morgenthau sur la manière d'agir avec Churchill qu'il savait être un obstacle ? Quelles discussions White eut-il avec Cherwell derrière les coulisses ? Quel fut le rôle exact de White à la conférence de Québec ? Questions auxquelles il n'a pas été possible de répondre jusqu'ici car les documents officiels de la conférence restent encore à publier. »

« Bien que les affaires étrangères et les questions militaires aient été discutées à fond à la conférence de Québec, ni Hull ni Stimson n'étaient présents. Le ministère des Finances eut le pas sur les Affaires Etrangères et la Guerre dans les négociations concernant l'Allemagne. Les engagements pris par Roosevelt et Churchill furent d'une grande importance pour White et ses collaborateurs.

.. ..

« White recommanda comme secrétaire de la délégation américaine dans les futures négociations du prêt-bail avec l'Angleterre, son collaborateur de longue date aux Finances, Frank Coe (identifié par Elizabeth Bentley comme ayant été membre de la cellule de Silvermaster et qui devait, par la suite s'enfuir des États-Unis. Il réside maintenant en Chine où il fait de « *l'agit prop* » pour les communistes chinois). La position était délicate car par elle, Coe allait avoir autorité sur l'élaboration de la politique pour toutes questions intéressant le futur prêt-bail britannique. »

Morgenthau devait écrire par la suite que Québec avait été le sommet de toute sa carrière gouvernementale.

« Les effets de la victoire de Morgenthau à Québec se firent rapidement sentir et provoquèrent une irréparable scission entre ceux qui dirigeaient la politique à Washington. La vieille fissure qui existait entre Hull et Stimson d'une part, et Morgenthau de l'autre, s'approfondit irrémédiablement lorsque le Président passa outre l'avis des ministères des Affaires Etrangères et de la Guerre pour demander au ministre des Finances de présenter son plan à Québec. »

« Hull avait conscience, et Stimson aussi, que Morgenthau aurait dû être tenu à l'écart des questions de politique générale.

« Lorsque Stimson sut que le Président avait adhéré au plan des Finances à Québec, il rédigea rapidement un autre *mémorandum* critique, bien qu'il comprit que cela était une perte de temps.

Il y disait notamment que le « plan pastoral » sur l'Allemagne allait à l'encontre du but poursuivi par la victoire militaire, à savoir la paix du monde par la stabilité sociale, économique et politique, en réduisant à un bas niveau de vie un peuple hautement industrialisé.

« Le ministre Morgenthau fut en complet désaccord avec les vues de Stimson.

Dans un *mémorandum* du 20 septembre qu'il soumit au Président, Morgenthau réfuta tous les arguments de Stimson et prétendit que laisser à l'Allemagne son potentiel économique intact, c'était s'exposer à une nouvelle guerre d'ici quinze ou vingt ans.

Le public des États-Unis était en partie opposé au *Plan Morgenthau* mais non totalement défavorable. Il sentait cependant que cette « catastrophique » politique risquait de conduire l'Allemagne à la révolte et de la rejeter vers l'Union Soviétique.

De son côté, la presse d'une façon quasi unanime manifesta une violente opposition lorsqu'elle apprit, par des fuites, que le Président avait accepté le *Plan Morgenthau*. Arthur Krock, notamment, écrivit dans le *New-York Times* une série d'articles dans lesquels il dénonçait le prêt-bail aux Britanniques qui coûtait fort cher aux États-Unis et les encouragements que Morgenthau avaient reçus tant à Washington qu'à Québec.

« Morgenthau essaya de savoir comment Krock avait pu obtenir des renseignements aussi détaillés sur les négociations de Québec considérées comme secrètes. »

.. ..

« Il ne fait aucun doute que les fuites dont bénéficia la presse furent désastreuses pour l'effort de guerre, car rien ne pouvait provoquer un plus grand choc psychologique sur l'Allemagne que l'audacieux coup de Morgenthau à Québec, en septembre 1944. Jusqu'à cette date, il y avait quelque chance, selon les rapports des services secrets, que les Allemands abandonnent toute résistance contre les forces américaines et britanniques pour tenir en échec les Russes sur le front Est et éviter l'effroyable destin d'une occupation soviétique. Alors la guerre aurait pu être écourtée de plusieurs mois et l'éclosion du vénéneux Communisme, en Allemagne Orientale, qui empoisonne l'Europe depuis les vingt dernières années, aurait pu être empêchée.

« Plus ardent que jamais dans son dévouement envers le Président, Morgenthau était de plus en plus inquiet, pour les prochaines élections, de la réaction du public américain à l'égard de son plan. En même temps, il craignait que, si tous les détails étaient révélés, le plan ne « soit réellement saboté ». Il espérait que le Président donnerait ordre à Stimson et Hull d'arrêter les fuites. »

Il craignait surtout que les articles de Krock n'incitent le Président à modifier le plan. Il pensait que : « Les conclusions de Krock selon lesquelles l'approbation du plan par les Britanniques avaient été achetées, étaient « ignobles ».

Il n'a pas été possible jusqu'à maintenant de connaitre le responsable des fuites, chacun étant enclin à accuser les autres, mais il est certain que le *Plan Morgenthau*, ainsi révélé par les fuites, fut utilisé par la presse nazie.

« Le Docteur Goebbels, chef de la propagande hitlérienne, tira grand profit du *Plan Morgenthau* dont il fit un cri de ralliement du peuple allemand pour résister jusqu'à la dernière extrémité. C'est ce qui se produisit pendant plusieurs mois — tandis que les bombardiers américains écrasaient et incendiaient par douzaines les villes allemandes et par centaines les installations industrielles que les contribuables américains devraient, un jour, aider à reconstruire pour corriger le déséquilibre de l'Europe dû, par suite d'une erreur monumentale de calcul, à leur victoire. »

« La question de savoir comment serait traitée l'Allemagne vaincue fut, pendant plusieurs mois, un conflit permanent entre les ministères des Finances, des Affaires Etrangères et de la Guerre. »

« *Le Journal* fourmille de *mémoranda* sur cette controverse. En fait, ces conflits politiques dépassaient de beaucoup le seul destin de l'Allemagne ; l'avenir de tout le continent européen était en jeu. »

Bien que les réactions de la presse eussent rendu plus prudent le Président, il n'en reste pas moins vrai que les traits fondamentaux du Plan des Finances furent intégrés aux directives militaires préparées par les chefs d'état-major interalliés pour servir de guide aux forces militaires américaines, à leur entrées en Allemagne, et connues sous le nom de J C S 1067.

« Les J C S 1067 reflétaient la dure philosophie de quarantaine et de revanche imaginée et préconisée par Morgenthau, White et le personnel des Finances. Il est donc très important de savoir que les directives révisées du 22 septembre 1944 ne furent qu'une version officielle, bien qu'édulcorée, du *Plan Morgenthau* et qu'elles restèrent officiellement en vigueur jusqu'à ce qu'elles fussent remplacées par de nouvelles directives politiques des chefs des états-majors interalliés, en juillet 1947. »

Pendant deux ans, ces directives, pierre angulaire de la politique américaine en Allemagne, laissèrent les communistes influencer la politique du gouvernement militaire dans le sens des volontés soviétiques.

Elles interdirent la fraternisation des Américains avec les Allemands, ordonnèrent un très strict programme de dénazification s'étendant à la fois à la vie publique et aux affaires, empêchèrent l'aide américaine à une reconstruction de l'industrie allemande et soulignèrent seulement la réhabilitation agricole. Selon cette philosophie, les Allemands furent considérés comme collectivement coupables de crimes contre l'humanité et menace pour le monde, et comme tels ils devaient être traités très durement. Le châtiment devait être assigné à l'ensemble du peuple allemand par une rigoureuse réduction de son standard de vie.

.. ..

« Immédiatement après la victoire de Roosevelt aux élections de novembre, White et ses collègues renouvelèrent leurs efforts pour amener, grâce au programme des Finances, la destruction permanente de l'Allemagne. »

« Par différentes voies, White avait rassemblé des renseignements concernant le genre de directives politiques que les autres ministères avaient en préparation. »

« Ces renseignements, il avait pu les obtenir grâce à un système de « trafic » mis en route, sur son conseil, par Morgenthau ».

.. ..

Morgenthau avait exigé de ses collaborateurs que les réunions qu'ils avaient ensemble fussent tenues rigoureusement secrètes, excepté pour les Russes auxquels par la suite, un certain nombre de renseignements furent communiqués.

Cependant, les chefs militaires alliés désiraient de plus en plus la reconstruction « vitale » de l'industrie allemande pour lui permettre de devenir le fournisseur des régions dévastées de l'Europe.

Mais toutes les initiatives militaires prises dans ce sens, continuaient à parvenir à Morgenthau et à ses collaborateurs, par le truchement de hauts fonctionnaires qui avaient accès aux renseignements les plus secrets.

La plupart d'entre eux, tels William Henry Taylor, Harold Glasser, Frank Coe, William Ludwig Ullmann, Abraham George Silverman, Nathan Gregory Silvermaster, Lauchlin Currie, identifiés comme appartenant au réseau communiste des États-Unis, passèrent, en 1948, devant le Comité de la Chambre sur les Activités anti-américaines ou en 1953, devant le Comité du Sénat pour la Sécurité Intérieure.

En janvier 1945, Morgenthau rouvrit sa campagne pour imposer la politique des Finances sur l'Allemagne d'après-guerre. Il soumit au Président un *mémorandum* sur les craintes qu'avaient les Finances de voir resurgir le militarisme de l'Allemagne et sur la nécessité de détruire son industrie.

Pour Morgenthau, le motif réel de ceux qui s'opposaient à la destruction de l'Allemagne était : « tout simplement la crainte de la Russie et du Communisme. Cette idée vieille de 20 ans d'élever « un rempart contre le Bolchévisme » avait été une des causes de la guerre ». Sa conclusion était inquiétante. « Actuellement, il n'est rien, à mon avis, qui puisse davantage faire naître la confiance ou la méfiance entre les États-Unis et la Russie que la position prise par le gouvernement sur le problème allemand. »

Morgenthau avait réussi à envoyer l'un des siens assister à une réunion où se discutait ce problème ; celui-ci réaffirma les termes du *mémorandum* de Morgenthau, de janvier 1945.

James C. Dunn, conseiller politique aux Affaires Etrangères en matière de questions européennes, parut surpris que les Finances puissent insinuer que ceux qui s'opposaient au *Plan Morgenthau* étaient anti-Russes ».

.. ..

« Pour montrer à Morgenthau que les Finances avaient au moins l'approbation de quelques fonctionnaires soviétiques, Herbert Gaston soumit un *mémorandum*, le 25 janvier 1945, décrivant un entretien qu'il avait eu avec Ladimir Pravbin. »

D'après ce dernier, les desseins soviétiques étaient les mêmes que ceux du plan des Finances. Morgenthau n'était pas à Yalta aux côtés de

Roosevelt, mais Harry Hopkins qui avait travaillé au plan juste avant Québec s'y trouvait.

« Il n'est pas douteux que Churchill alla à Yalta avec la ferme intention de refréner les Russes : on ne peut en dire autant de Roosevelt. La différence provient de ce que Roosevelt avait été fortement influencé par le plan des Finances sur l'Allemagne d'après-guerre, tel que tramé par White et présenté assidûment par Morgenthau au cours des six derniers mois. »

La première exigence de Staline fut le « démembrement » de l'Allemagne. Roosevelt proposa alors de demander aux ministres des Affaires Etrangères des Trois Grands de préparer « un projet pour étudier la question dans les vingt-quatre heures et un plan précis pour le démembrement dans un mois. »

« Les choses allaient plus vite que ne le désirait Churchill mais Roosevelt avait entendu parler de ce « plan précis » et l'avait étudié depuis des mois. C'était le plan des Finances de Harry Dexter White et du ministre Morgenthau. »

La seconde exigence de Staline, tout aussi urgente, était celle des réparations, c'est-à-dire du démantèlement des usines allemandes au profit des Alliés.

« Nombreux sont les admirateurs de Roosevelt qui ont longtemps prétendu que le Président de l'époque de la guerre avait rejeté rapidement et absolument le *Plan Morgenthau* après avoir brièvement flirté avec lui avant et durant la conférence de Québec, en septembre 1944. »

Et ils citent des paroles de Roosevelt à l'appui de leurs dires.

« Le rôle du Président à Yalta indique le contraire. L'esprit du Plan de Morgenthau et de beaucoup de ses détails se reflètent dans les décisions prises en Crimée. »

Dans son livre *Beyond Containment*, William H. Chamberlain écrit :

« L'accord de Yalta... a représenté dans deux de ses caractéristiques l'approbation par les États-Unis du principe de l'esclavage de l'homme. Une de ces caractéristiques a été de reconnaître que le travail de l'Allemagne pouvait être utilisé comme source de réparations... Et l'accord selon lequel les citoyens soviétiques qui se trouvaient dans les zones occidentales de l'occupation devaient être livrés aux autorités soviétiques, équivalait pour les nombreux réfugiés soviétiques qui ne voulaient pas retourner, à la promulgation d'une loi sur les esclaves fugitifs. Ce jugement est substantiellement correct.

« La preuve la plus importante que le *Plan Morgenthau* eut de l'influence sur la conférence de Yalta, on la trouve dans la réaction même des fonctionnaires des Finances aux décisions de Yalta. ».

Pour eux, les décisions de Yalta corroboraient celles de Québec.

« Après le retour de Yalta du Président Roosevelt, les fonctionnaires des Affaires Etrangères saisirent l'occasion de faire passer leur propre programme sur l'Allemagne d'après-guerre », en soumettant le 10 mars 1945 un *mémorandum* sur de nouvelles directives pour l'occupation militaire de l'Allemagne qui remplaçait les rigoureuses J C S 1 067.

« Lorsque Morgenthau vit un exemplaire du *mémorandum* des Affaires Etrangères, il devint si furieux qu'il téléphona immédiatement au sous-secrétaire d'État à la Guerre, McCloy, pour lui exprimer son mécontentement. »

.. ..

« Si le plan des Affaires Etrangères avait été adopté, cela aurait signifié la défaite complète de Morgenthau et de White. »

Mais Morgenthau réagit immédiatement auprès du Président et prépara une réfutation paragraphe par paragraphe du plan des Affaires Etrangères.

« Le 19 mars, au cours d'une séance convoquée d'urgence,

Morgenthau avait demandé à White, Coe et Harold Glasser de le conseiller au mieux pour aborder le Président », en vue de le convaincre.

Mais dans la visite qu'il fit le lendemain à Roosevelt, Morgenthau s'opposa au major John Boettiger, gendre du Président, installé à la Maison Blanche pour prendre soin de la santé déclinante de son beau-père.

« Les Soviets savaient-ils ce que les Américains ignoraient à savoir que le Président était près de la mort et sujet à des syncopes à tout moment ? »

A la suite d'une réunion interministérielle du 21 mars, dans laquelle avaient réussi à se glisser Coe, Glasser et Dubois, ce dernier déclara « qu'une grande décision commençait à apparaître. »

« La *"grande décision"*, selon Dubois, se termina par un triomphe retentissant pour les Finances, le 23 mars. Ce jour-là, Morgenthau, dans le compte rendu jubilant qu'il en fit à ses collègues, leur dit que le Président avait été persuadé qu'il devait « annuler » le *mémorandum* du 10 mars des Affaires Etrangères et « qu'il avait pleinement accepté celui qui avait été fait ici, hier soir, avec White, Glasser et Dubois. »

Morgenthau écrivait le soir même dans son journal :

« Heureusement que nous avons le Président pour nous soutenir... Ils ont essayé de le faire changer — mais cette bande des Affaires Etrangères n'a pu y réussir. Tôt ou tard, il faudra bien que le Président nettoie sa maison, je veux dire cette bande hargneuse... Et ils sont pour Herbert Hoover et Herbert Hoover nous a mis dans ce pétrin, et ils sont fascistes de cœur... Ce n'est qu'une bande hargneuse qui tôt ou tard devra être extirpée. C'est cette bande sans principes qui nous a combattus... »

Le rejet du *mémorandum* du 10 mars par le Président fut une grande déception pour les Affaires Etrangères qui avaient préconisé un programme raisonnable sur l'Allemagne.

Un point important de friction entre les Finances et le ministère de la Guerre était le traitement des criminels de guerre allemands.

« Désireux d'empêcher le Président de prendre une décision hâtive sur les criminels de guerre lors de la future conférence de Québec, Stimson fit connaître son point de vue à la Maison Blanche. Il souligna au Président l'avantage d'un procès (global) sur la politique de « faire feu à première vue » préconisée par Morgenthau. Une des recommandations du *mémorandum* du 6 septembre de Morgenthau était l'établissement d'une liste de grands criminels allemands qui dès leur arrestation et leur identification devraient être passés immédiatement par les armes. »

Stimson, au contraire, désirait qu'un minimum de formes légales soit respecté. Un *mémorandum* fut préparé pour rejeter la « position de légalité » de Stimson. Mais entre temps, Roosevel mourait et Truman arrivait à la Maison Blanche. Morgenthau ne jugea pas à propos de lui présenter le *mémorandum*.

Un autre sujet de controverse entre les Finances d'une part, et les Affaires Etrangères et la Guerre d'autre part, était la question des réparations.

« En plus de la confiscation et de l'enlèvement des marchandises importantes et de la masse fiscale, le ministre des Finances proposait carrément la cession réelle de territoire allemand aux vainqueurs — et l'utilisation des Allemands à des travaux forcés pour reconstruire les régions dévastées par les armées hitlériennes et cultiver le sol des pays libérés pour nourrir leurs habitants. »

« En aucune façon Morgenthau n'admettait le paiement de dommages de guerre à long terme qui supposait la reconstruction de l'industrie allemande sur une grande échelle. »

Le ministère des Affaires Etrangères soutenu par la Guerre préconisait, au contraire, « des contrôles étendus sur de larges secteurs de l'économie allemande » afin d'empêcher la famine qui menaçait.

Le Président, de son côté, avait déclaré qu'il désirait que des ordres fussent donnés à l'administration allemande pour qu'elle assume elle-même ces contrôles.

« Le 12 mars 1945, le Dr Lubin fut nommé à la tête de la délégation américaine de la Commission des Réparations.

« Depuis longtemps il s'intéressait aux affaires russes. Selon le *Daily Worker*, dès 1930, il avait parlé sous les auspices des Amis de l'Union Soviétique, organisation citée comme subversive par le procureur général. »

Lubin avait le soutien total des Finances. Avec leur aide, il prépara un *mémorandum* pour le Président disant que le programme des réparations préconisé par les Affaires Etrangères laisserait à l'Allemagne assez d'industrie pour retrouver son potentiel de guerre.

Au cours des réunions interministérielles s'élevaient souvent de violentes discussions sur cette question entre les Finances et les autres membres du cabinet.

Le 10 avril 1945, un document « très secret » circula dans plusieurs ministères intéressés. Il suggérait diverses mesures à prendre au sujet des réparations. Parmi celles-ci : « se trouvait le curieux concept des réparations humaines — l'idée qu'une grande force ouvrière fournie par les Allemands pour « satisfaire les revendications des autres pays » en matière de dommages de guerre, devrait être recrutée en particulier parmi les « groupes nazis, la Gestapo, les organisations SS, les officiers de la Wehrmacht et ces éléments de la population qui avaient coopéré au financement et à l'édification de la machine nazie.

Ce concept fut « énergiquement combattu » par la Guerre et les Affaires Etrangères, notamment par Clayton.

« Entre temps, le 21 avril, le puissant financier de New-York, Bernard Baruch, en sa qualité de conseiller du Président, assista à une réunion du cabinet de la Guerre. On lui demanda ce qu'il pensait du problème allemand. Selon le compte rendu que donna Morgenthau à ses collaborateurs, Baruch répondit qu'il rentrait d'un récent voyage en Europe plus « convaincu » de la nécessité d'une décentralisation de l'Allemagne qu'au moment de son départ. Le plan des Finances était beaucoup trop mou, et son auteur une « vraie poule mouillée ». Il (Will Clayton) devrait s'arracher le cœur s'il ne sait se conduire », déclara le financier sorcier, en ajoutant non sans menace : « il ne pourrait rester à Washington si j'en terminais avec lui ». Clayton devait « filer droit dans cette affaire allemande » ou « quitter la ville ». Baruch fut inflexible. « Toute ma raison de vivre maintenant, dit-il, est de voir l'Allemagne désindustrialisée et totalement. Je ne laisserai personne se fourrer dans nos jambes ». Il devint si ému que les larmes jaillirent de ses yeux. « Je n'ai jamais entendu un homme parler avec une telle fermeté » exulta Morgenthau et en ajoutant qu'il « avait acquis de Baruch le sentiment de l'importance de l'amitié avec la Russie... »

« Soucieux de ne pas compromettre les relations d'après-guerre avec l'Union Soviétique, les fonctionnaires des Finances exprimaient fréquemment leurs craintes de voir la Russie encerclée par l'Occident. Le 24 avril, Josiah Dubois soumit un *mémorandum* à Morgenthau lui manifestant sa sympathie pour la Russie. »

Il y écrivait, entre autre, que ceux qui utilisaient l'Allemagne contre la Russie étaient assurément responsables d'un grand nombre de difficultés entre Washington et Moscou.

De son côté, Lauchlin Currie craignait que le développement de blocs opposés ne soit une menace pour la paix future du monde.

Le 3 mai, une réunion interministérielle sur l'Allemagne en général, et sur les réparations en particulier, eut lieu dans le bureau de Morgenthau. La question des pouvoirs du « Conseil de Contrôle Allié », créé à Yalta pour le démantèlement et l'enlèvement des installations allemandes, souleva les premières difficultés. White insista pour que les décisions du Conseil fussent prises à l'unanimité, laissant par là, à chaque allié, le droit de veto pour empêcher que l'équipement industriel allemand de sa zone particulière ne soit enlevé. Au contraire, Clayton, des Affaires Etrangères, Lovette, de la Guerre, et Crowley, du FEA, voulaient que les décisions fussent prises à majorité car ils craignaient que la Russie ne fasse trop de bruit, et d'autre part, ils ne voulaient pas que le remplacement de l'équipement industriel allemand se fasse au détriment des dollars américains.

« En aucun cas, les États-Unis ne devraient accepter une politique dont le résultat serait de faire payer les réparations par les États-Unis… »

« Une querelle plus vive encore s'éleva sur la question du travail obligatoire des Allemands au titre de restitution pour dommages de guerre en Russie. Les fonctionnaires des Finances préconisaient, ni plus ni moins, la création d'une grande force ouvrière sans contrôles extérieurs. »

Mais les autres membres se refusaient à l'idée même de faire faire « un travail d'esclaves » à deux ou trois millions d'Allemands.

« C'est alors que Morgenthau jeta dans la discussion le poids de son influence au cabinet. « L'ensemble de la question du travail obligatoire avait déjà été résolu à Yalta, annonça-t-il, et les Affaires Etrangères devraient montrer à Crowley les clauses de l'accord de Yalta. » Il n'était plus question de savoir « s'il y aurait ou non du travail d'esclave », car cela avait été réglé par l'affirmative. « Nous ne faisons qu'exécuter l'accord de Yalta », s'exclama-t-il, « et si Monsieur Crowley proteste… c'est contre Yalta qu'il proteste… »

....

« Clayton était profondément troublé. Il n'avait pas remarqué, dit-il, que l'accord de Yalta allait jusqu'à dire que les armées alliées seraient requises pour « recruter » des travailleurs dans leurs zones et les livrer « de force » aux Russes. Ce à quoi Harold Glasser répondit d'un air narquois : « C'est sous-entendu ». Dubois répéta alors ce que Lubin avait dit au sujet de l'enquête Gallup, à savoir qu'un fort pourcentage d'Américains se prononçait en faveur de la reconstruction de la Russie par « trois ou quatre millions d'Allemands »...

Mais Clayton restait intransigeant sur la nécessité de faire surveiller l'utilisation du travail obligatoire par « un quelconque système international de contrôle », ce en quoi s'opposaient les membres des Finances.

« Dans la cruciale réunion du 3 mai plus encore que dans toutes les autres, les hommes de Morgenthau furent sûrs d'eux, pleins de hardiesse et assoiffés de vengeance contre l'Allemagne nazie. La bande de loups des Finances se mettait à hurler.

« *Le Journal* révèle que Robert H. Jackson, de la Cour Suprême de Justice, puis procureur général aux procès de Nuremberg, lorsqu'il apprit le projet des Finances, souleva une objection contre l'illégalité du travail obligatoire. »

.. ..

« Jackson soutint qu'aucune sentence ne pouvait être rendue sans procès et la directive ne prévoyait aucun procès. Pas plus qu'on ne pouvait condamner d'avance ces organisations tant qu'un procès n'en avait déterminé le caractère de conspiration. »

« Je pense, dit Jackson, que le plan de faire entrer un grand nombre de travailleurs dans un service étranger, ce qui revient à les parquer dans des camps de concentration, va ruiner grandement la position morale des États-Unis dans cette guerre. »

Pour lui, l'idée même de camp de concentration devait être abolie.

« Aussi importante que ces décisions politiques était la question de savoir qui allait interpréter et faire exécuter les directives politiques. Il était vital pour les Finances d'avoir un de ses membres les plus sûrs auprès du général Lucius Clay qui venait d'être nommé haut commissaire américain en Allemagne. Le 4 avril 1945, le général Clay avait demandé à Morgenthau de désigner un fonctionnaire des Finances pour se charger complètement des finances effondrées de l'ennemi battu. White nomma immédiatement son vieil ami Bernstein. »

Cette candidature n'ayant pas été retenue. White suggéra les noms de Lauchlin Currie ou du Dr Abraham G. Silverman qui, selon Elizabeth Bentley, dirigeait une cellule communiste à Washington.

« La mort de Roosevelt en avril 1945 fit entrer à la Maison Blanche un pouvoir exécutif qui allait rapidement manifester son antipathie à l'égard du plan des Finances sur l'Allemagne d'après-guerre. Mais Morgenthau semble avoir sereinement ignoré les difficultés qui se présentaient.

Lui et ses collaborateurs étaient résolus à étendre leur influence aussi loin que possible. Mais l'arrivée de Truman à la Maison Blanche provoqua des changements fondamentaux dans la politique étrangère américaine. Entre autre, les Affaires Etrangères reprirent en main l'élaboration de cette politique.

« Dans la mesure où l'influence des Finances diminua après la mort de Roosevelt, une nouvelle orientation se fit jour graduellement et fut marquée par un abandon progressif des principes du *plan Morgenthau*. »

« Le 5 juillet 1945, à la veille du départ du Président Truman pour Potsdam, la démission d'Henry Morgenthau fut annoncée à Washington. Il avait voulu accompagner le Président à Potsdam et avait menacé de démissionner s'il ne faisait pas partie de la commission.

Truman qui n'approuvait ni le plan ni le rôle joué par les Finances en politique étrangère accepta sa démission. Mais « les hommes de Morgenthau », agrippés à leurs postes longtemps après la démission de leur chef, continuèrent à jouer leur rôle.

« A la fin de 1945, il n'y avait pas moins de cent quarante spécialistes des Finances dans les postes importants du Gouvernement militaire en Allemagne. Ils jetaient le poids de leur influence considérable dans la balance pour mener la politique américaine dans la direction qu'avait prise Morgenthau. Comme l'écrivait Le Journaliste populaire du *New-York Times*, Drew Middleton, le corps des Finances servait « de contre-poids eu égard à ces fonctionnaires qui, par crainte de l'Union Soviétique ou toute autre raison, voulaient reconstruire l'Allemagne. »

Le traitement de l'Allemagne fut le sujet principal de la conférence de Potsdam en juillet 1945. Les Trois Grands furent d'accord pour déraciner le militarisme allemand et le nazisme. Mais l'accord de Potsdam contenait aussi une clause autorisant les commandants alliés des quatre zones à prendre toute mesure pour « empêcher la famine, les épidémies et l'agitation » dans leur propre secteur. A peine plus d'un an après, l'accord de Potsdam était l'objet d'une vaste critique.

Au début de septembre 1946, Lord Beveridge, après une visite de la zone britannique d'occupation, déclara dans un discours radiodiffusé :

« Dans la sombre période de colère et de confusion à Potsdam, en juillet 1945, nous avons abandonné la Charte Atlantique de 1941 qui indiquait que nos buts étaient pour tous les pays, de meilleures conditions de travail, de progrès économique et de sécurité sociale ; pour tous les États, vainqueurs et vaincus, d'égales conditions d'accès au négoce et aux matières premières du monde qui étaient nécessaires à leur prospérité économique. ».

Quel fut l'effet réel du *plan Morgenthau* ? Bien qu'il ne fut jamais complètement appliqué, il n'en eut pas moins une grande influence sur la politique américaine dans les derniers moments de la guerre et pendant la première phase du gouvernement militaire, jusqu'au changement radical de politique avec le ministre Byrnes. Il créa une grande confusion dans l'industrie allemande et beaucoup de désespoir parmi les Allemands.

Il est un point en tout cas sur lequel les recommandations de Morgenthau furent intégralement appliquées. Il faut en effet citer au passif de Morgenthau et de Yalta certaines clauses telles que celle-ci : Les Alliés acceptaient de livrer aux Russes tous les ressortissants qualifiés de « citoyens soviétiques », c'est-à-dire tous les Russes anti-communistes réfugiés en zone anglaise, américaine et française d'Europe Centrale, ainsi que tous les réfugiés des pays satellites tels que Hongrie, Roumanie, Bulgarie, etc... Cette clause fut l'objet de drames sans nombre, des années durant et au cœur même de Paris, des policiers du N.K.V.D. firent la chasse aux ressortissants soviétiques ou ex-soviétiques.

Les Français de la zone d'occupation allemande comprirent vite que les Russes ainsi livrés, étaient bons pour la déportation, ou un coup de pistolet dans la nuque ; ils s'arrangèrent pour en livrer le moins possible. Les Anglais furent plus longs à comprendre, mais cessèrent à un moment donné les livraisons. Les Américains persistèrent longtemps, et ne cessèrent qu'à la suite de tragédies atroces et lorsque leurs rapports avec les Soviets furent devenus très tendus.

« Bien que le Président Roosevelt et le Premier ministre Churchill aient par la suite reconnu la folie de ce qu'ils avaient approuvé à Québec, Morgenthau, White et l'équipe des Finances purent voir que l'esprit et la substance de leur plan avaient prévalu dans la politique officielle comme cela se reflétait dans la directive punitive.

« D'une manière très précise, les J CS 1 067 avaient déterminé les lignes principales de la politique des États-Unis en Allemagne pendant plus de deux ans après la capitulation. Vers la fin de 1945 il est vrai qu'une nouvelle tendance se manifesta dans la politique américaine et amena par la suite la répudiation formelle de la directive en juillet 1947. Mais jusqu'à ce qu'elle fut officiellement révoquée les échelons inférieurs de l'administration durent appliquer ses pénibles dispositions. Comme les instructions des J CS 1 067 étaient virtuellement des ordres, les administrateurs américains n'avaient d'autre choix que l'interprétation rigide de leurs dispositions et leur application zélée, »

La dénazification, entre autre, provoqua le renvoi dans un grand nombre d'entreprises d'Allemands hautement qualifiés, ex-membres du Parti. Dans les chemins de fer, le résultat s'en fit durement sentir. Cette malheureuse expérience dura plusieurs mois, du moins dans la zone américaine. Car les zones française, anglaise et russe n'appliquèrent jamais aussi brutalement ces mesures, ou les abandonnèrent rapidement comme impraticables.

Durant les deux premières années de l'occupation alliée, le programme des Finances concernant le démontage des industries fut vigoureusement poursuivi par les fonctionnaires américains. La production industrielle devait « descendre de 70 à 75 pour cent du niveau de 1936 ». Mais les Américains ne furent pas longs à comprendre qu'il ne pouvait y avoir d'Europe forte sur le plan économique si l'Allemagne était faible.

La désindustrialisation de l'Allemagne entraîna, par voie de conséquence, l'impossibilité de réaliser le programme agricole préconisé par les Finances, faute de matières premières nécessaires à la construction de machines agricoles et elle réduisit le pays à une économie médiévale de troc.

« Ainsi que l'avait certainement prévu White, la condition économique de l'Allemagne fut désespérée entre 1945 et 1948. Les villes restèrent des monceaux de détritus et l'asile fut en vogue car un flot impitoyable de réfugiés sans qualification se déversa sur les zones occidentales où la ration alimentaire de 1500 calories par jour était à peine suffisante pour l'entretien de la vie. L'incertitude concernant la valeur future du Reichmark comme monnaie effective et l'attente d'une réforme monétaire donnèrent lieu à un stockage général des marchandises. »

La remise en route de toute l'économie européenne se trouva retardée par l'effondrement de l'industrie allemande.

« Pour permettre à l'Europe de se rétablir, le Plan Marshall fut imaginé en 1947. Il rejeta enfin la philosophie du programme White-Morgenthau. Les réformes monétaires changèrent la situation du jour au lendemain. Ces mesures si longtemps attendues supprimèrent les pires entraves et c'est alors que commença la prodigieuse renaissance économique de l'Allemagne Occidentale. »

.. ..

« Le plan des Finances sur l'Allemagne fut la négation absolue de tous les principes démocratiques chers aux États-Unis et pour lesquels ils ont fait deux fois la guerre en une génération. S'il avait été exécuté sous sa forme originale, il aurait certainement constitué le plus grand acte de génocide de l'histoire moderne. Le totalitarisme et le barbarisme des Nazis furent, à coup sûr, suffisants pour convaincre les Américains les plus charitables que seul un programme fortement restrictif pourrait efficacement éliminer l'Allemagne comme menace pour la paix dans l'avenir. »

.. ..

« Après tout ce qui a été dit, une question implicite hante l'historien. La voici : Ce *plan Morgenthau* qui a été si psychopathiquement anti-allemand, n'a-t-il pas été tout aussi consciemment et délibérément pro-russe ? Jusqu'à maintenant, les spécialistes en histoire ont manqué de répondre à cette question vitale, voire même de la poser, dans leurs études, par ailleurs si complètes, sur la diplomatie américaine pendant et immédiatement après la seconde guerre mondiale. Cependant, cette question est d'une telle importance historique qu'il faudra bien un jour y répondre d'une manière précise. »

Le ministre des Finances n'a jamais nié que son plan soit anti-allemand mais personne dans son ministère n'a jamais reconnu qu'il fût pro-russe. Le *plan Morgenthau* qui, selon le maréchal Knappen, « correspondait étroitement à ce que l'on pouvait présumer être les désirs russes sur la question allemande », ne fut-il pas une réponse à un obstacle soudain et inattendu des visées soviétiques ?

« Que Harry Dexter White ait été le réel architecte, voire même le constructeur, du *plan Morgenthau*, cela ne peut plus être sérieusement contesté. Document après document, *Le Journal* révèle l'influence constante de White, tant dans l'élaboration de la pensée que dans les décisions finales du ministre Morgenthau.

« Ignorant de la haute économie et des mystères de la finance internationale, le ministre ne cessa jamais de s'appuyer fortement sur son équipe d'experts pour toutes sortes d'avis généraux et spécifiques. »

White fut l'animateur de l'équipe des Finances et dans la question de l'Allemagne, il mit tout en branle dès le début. C'est lui, entre autre, qui fit livrer au gouvernement soviétique par le Bureau des Gravures et Impressions, en avril 1944, le double des planches servant à imprimer les marks de l'occupation militaire qui étaient la monnaie légale de l'Allemagne d'après-guerre. Ce qui provoqua une forte inflation dans toute l'Allemagne occupée que les contribuables américains durent amortir pour une somme de plus de deux cent cinquante millions de dollars(1).

---

1. — Pour le détail de cette étrange histoire, voir : « *Transfert des Planches à Papier d'Occupation – Phase Espionnage* », Rapport intérimaire du Comité des Opérations gouvernementales, 15 déc. 1953 (Washington : Bureau des Impressions du Gouvernement, 1953). Le 14 avril 1944, dans le bureau de Morgenthau se tint une réunion à laquelle furent présents White, l'Ambassadeur soviétique Gromyko et Alvin W. Hall, directeur du Bureau des Gravures et Impressions. Morgenthau déclara que le gouvernement des EtatsUnis, soucieux de coopérer avec tous ses alliés, avait décidé qu'il soit fourni à la Russie le double des planches qui servaient à imprimer les Marks militaires alliés pour l'Allemagne d'après-guerre. Il serait heureux d'envoyer des techniciens du Bureau des Gravures à Moscou pour mettre en place les opérations, Ces « Marks M.A. » ainsi que l'ancien reichmark allemand devenaient la monnaie

Mais qui inspira ou quel motif guida le cerveau et la main de White ? Les similitudes frappantes de conception et de détail qui existent entre le plan des Finances et les desseins soviétiques concernant l'Allemagne d'après-guerre peuvent n'être que pure coïncidence, et *Le Journal* ne nous donne aucune indication sur les machinations de White et de ses collaborateurs derrière les coulisses.

Harry Dexter White fut-il un agent actif de l'espionnage soviétique, comme le déclara J. Edgar Hoover, du FBI ? Il avait incontestablement des contacts étendus à l'intérieur et à l'extérieur du gouvernement avec des marxistes et d'autre part, ses activités lui donnaient accès à des documents très secrets des divers ministères.

« La concentration de sympathisants communistes au ministère des Finances et en particulier à la division de la Recherche Monétaire, est maintenant un fait indiscutable. White en fut le premier directeur ; ceux qui lui succédèrent furent Frank Coe et Harold Glasser. Furent également attachés à la division de la Recherche Monétaire William Ludwig Ullman, Irving Kaplan et Victor Perlo. White, Coe, Glasser, Kaplan et Perlo furent tous identifiés, par témoignage sous serment, comme participants de la conspiration communiste. »

---

légale du pays occupé. Les Marks M.A. imprimés aux États-Unis furent utilisés pour payer les salaires du personnel américain, anglais et français des zones occidentales : 250 millions de dollars furent émis par les Américains, 180 millions de dollars par les Anglais et 58 millions de dollars par les Français. Mais aucune information n'a été donnée sur la valeur des marks qui out été imprimés par le gouvernement soviétique. Malgré toua leurs efforts, les fonctionnaires des États-Unis n'ont pu obtenir ces renseignements vitaux. Mais les marks soviétiques provoquèrent une terrible inflation jusqu'à la réforme monétaire de 1948. Hall et le sous-secrétaire Dan W. Bell furent contre le transfert des planches au gouvernement soviétique, mais White se prononça éloquemment en faveur d'une « monnaie commune pour toutes les zones d'occupation. Il n'est pas discutable que l'idée fut lancée par White. »

.. ..

« Jamais dans le passé, l'histoire américaine n'avait eu une bureaucratie non élue de fonctionnaires furtifs, sans visage, qui exercèrent un pouvoir aussi arbitraire et qui jetèrent une ombre aussi sinistre sur l'avenir de la nation, que Harry Dexter White et ses associés au ministère des Finances, sous la direction de Henry Morgenthau. Ce qu'ils tentèrent de faire en pervertissant curieusement les idéaux américains, et comment ils furent sur le point de réussir pleinement, c'est ce que démontrent ces documents. »

C'est là ce qui est certain.

Mais on ignore encore quels secrets inestimables furent envoyés à Moscou par le canal de la clandestinité communiste et quel tort réel ces sinistres individus causèrent à la sécurité des États-Unis.

A une époque cruciale de l'histoire, un groupe de politiciens juifs a orienté secrètement la politique étrangère des États-Unis et a joué un rôle capital dans le déroulement des événements européens. En fait, par leur intermédiaire, la puissance du gouvernement américain a été mise en pleine guerre au service d'une idéologie révolutionnaire et des intérêts d'Israël.

Cette politique menée par Morgenthau en accord avec Roosevelt avait un double caractère : c'était une implacable politique de vengeance juive, dirigée non contre le seul gouvernement hitlérien mais contre le peuple allemand tout entier rendu collectivement responsable des fautes et des crimes d'Hitler. C'était une politique révolutionnaire d'entente avec le gouvernement soviétique en vue d'implanter le marxisme dans toute l'Europe.

On a maintes fois, dans l'histoire, accusé les Juifs de constituer une minorité étrangère inassimilable, un Etat dans l'État au sein des nations. Les documents Morgenthau nous montrent précisément un cas de ce genre et apportent une confirmation éclatante du bien-fondé de cette accusation.

On a maintes fois, au cours du dernier demi-siècle, accusé les Juifs de finance et les Juifs de révolution — l'internationale de l'or et l'internationale du sang — de travailler secrètement en commun à la poursuite d'un idéal juif de conquête du monde par la désagrégation des sociétés occidentales à base chrétienne. Les libéraux philosémites ont couvert de sarcasmes ceux qui émettaient de pareilles inquiétudes. Or tout au long des documents Morgenthau, nous voyons effectivement des magnats juifs de la haute finance, tels Morgenthau, Harry Dexter White et B. Baruch, mettre toutes les ressources de la politique américaine au service des intérêts de la Russie Soviétique en Europe Centrale.

Il faut même aller plus loin. Il ressort des documents Morgenthau que pendant toute la durée de la guerre, le ministère des Finances U.S.A. a constitué un foyer secret de trahison, d'espionnage et de subversion au sein du gouvernement américain puisque la plupart des chefs et des têtes de l'équipe Morgenhau, Harry Dexter White, Harrol Glasser, Frank Coe, William Ludwig Ullmann, Abraham George Silverman, Nathan Gregory Silvermaster, Lauchlin Currie, Salomon Adler, etc., ont été finalement démasqués comme étant des agents secrets d'espionnage soviétique.

Le 16 août 1948, Harry Dexter White préféra se suicider plutôt que d'affronter la Commission d'Enquête du Sénat américain devant laquelle il était convoqué et une dramatique confrontation eut lieu par la suite devant la télévision américaine entre le Président Truman et l'Attorney général Brownell au sujet d'Harry Dexter White.

Tout au long du Concile Vatican II, les Juifs se sont élevés avec fureur contre l'accusation de déicide et contre le principe de la responsabilité collective dont on a chargé le peuple juif en conséquence de cette accusation. Or, les documents Morgenthau nous montrent clairement que les Juifs ont appliqué à l'Allemagne ce principe de culpabilité collective et ont poursuivi une implacable politique de vengeance contre le peuple allemand rendu responsable des fautes et des crimes de Hitler.

Ils repoussent donc avec fureur le principe de responsabilité collective quand ils en sont les victimes, mais ils le revendiquent avec non moins d'âpreté lorsqu'ils en sont les bénéficiaires.

Les Juifs se sont attirés la sympathie du monde civilisé pour avoir été victimes de la sauvage répression hitlérienne ; et depuis lors, ils arguent de leur six millions de morts pour interdire catégoriquement toute discussion du problème juif. En fait, depuis Nuremberg, le nom de Juif est un mot tabou, qu'il est interdit de prononcer dans la presse sous peine de se faire aussitôt traiter de progromiste.

Comme le disait récemment Souslov, l'un des principaux dirigeants du Comité central du Parti Communiste russe : « Si on touche à un cheveu seulement de n'importe quel Juif, tous les autres se mettent à crier aux quatre coins du monde. »

Une simple phrase du général de Gaulle, lancée à l'occasion de la guerre israélo-arabe : « Les Juifs, peuple d'élite, sûr de lui-même et dominateur », a soulevé une tempête de protestations, qui n'a peut-être pas été étrangère à sa chute.

Israël se plaint d'avoir été victime d'un génocide sans précédent dans l'histoire. Hitler a traité les Juifs sans ménagement, nous le reconnaissons d'autant plus volontiers qu'il ne s'est jamais trouvé personne en France, pas même le plus farouche des antisémites pour prôner le massacre et le génocide comme solution de la question juive. Mais ceci dit, il serait tout de même bon de rappeler certaines vérités essentielles.

Tout d'abord concernant le nombre des victimes : six millions de Juifs auraient péri dans les camps de concentration d'Auschwitz, de Sobidor, de Maidanik, de Treblinka, etc., tous situés en Pologne et exclusivement réservés aux Juifs. Six millions de morts, nous dit-on, expliquent tout, excusent tout, justifient tout.

Or ce chiffre de six millions a été affirmé sans l'ombre de justification ni de preuve dans l'hystérie de la Libération qui a suivi la fin de la guerre. Ce chiffre, depuis lors, a été largement diffusé à travers le monde, mais il est aujourd'hui de plus en plus contesté et on peut l'apparenter aux fameux soixante-quinze mille fusillés du Parti Communiste français. Aucune enquête sérieuse, impartiale et documentée n'a jamais été faite à ce sujet ; mais un ancien déporté de Buchenwald, socialiste de surcroît, Paul Rassinier, a fait sur ce point des recherches très poussées et très sérieuses dans une série de livres qui ont nom : *Le mensonge d'Ulysse, Ulysse trahi par les siens, Le véritable procès Eichmann, Le drame des Juifs européens.*

Il est arrivé à la conclusion que le chiffre des victimes juives des camps de la mort oscillait autour d'un million deux cent mille. C'est déjà beaucoup, c'est beaucoup trop, d'autant qu'il y avait peu de grands Juifs parmi ce nombre, mais beaucoup de petits Juifs sans grande importance. Ce chiffre d'un million deux cent mille aurait été, selon Rassinier, plus ou moins tacitement accepté par certaines organisations juives telles que le Centre Mondial de Documentation juive contemporaine.

Mais enfin les Juifs n'ont pas été les seules victimes d'Hitler, loin de là ; Hitler a fait périr plus de Chrétiens qu'il n'a fait mourir de Juifs. L'impitoyable régime hitlérien n'épargnait personne. Il faudrait parler du sort des prisonniers russes, de la politique de la terre brûlée en Russie et de beaucoup d'autres sévices. Les Allemands eux-mêmes en ont été les premières victimes et une bonne partie des grands chefs de la Wehrmacht, des soldats couverts de gloire, ont été exécutés par Hitler, souvent même avec une sauvagerie extrême : le général Von Schleicher, les maréchaux Rommel, Von Witzleben, Von Rundstedt, l'amiral Canaris et combien d'autres. Le maréchal Von Witzleben, par exemple, a été torturé et pendu à un croc de boucher. De tous ceux-là, on ne parle presque jamais. Seules les victimes juives ont le don d'émouvoir la conscience universelle.

Et puis enfin, les Juifs occidentaux, Juifs américains surtout, n'ont-ils pas attisé eux-mêmes les flammes de l'incendie qui s'est abattu sur leurs frères européens ? Reportons-nous, en effet, au livre de Kaufman (dont nous parlons un peu plus loin), aux documents Morgenthau, aux déclarations de Harry Dexter White, de Bernard Baruch et consorts, tous gens hautement influents dans la conduite de la guerre. Commençons par les documents Morgenthau.

Ces documents, je le rappelle, n'émanent pas d'une officine de Goebbels mais ont un caractère d'authenticité officielle puisqu'ils sont publiés par le gouvernement des États-Unis, prototype des gouvernements modernes, libres, éclairés et démocratiques.

Morgenthau et son équipe réclamaient avec insistance l'application intégrale de leur plan à l'Allemagne. Ce plan préconisait la destruction totale et définitive de toute l'industrie allemande, la Ruhr en tête, l'Allemagne devant se contenter à l'avenir d'être un pays exclusivement pastoral et agricole.

Le résultat le plus immédiat et le plus clair de ce plan extravagant aurait été que dans la seule Allemagne de l'Ouest, trente millions d'Allemands seraient morts de faim. C'est ce que fit aussitôt remarquer avec indignation le ministre américain de la Guerre, Stimson, quand il eut connaissance de ce plan insensé auquel Roosevelt et Churchill avaient donné leur accord à Québec. Cette éventualité laissait Morgenthau et son équipe complètement indifférents. Si on les poussait à bout, ils voulaient bien accepter qu'on déportât le trop-plein de ces Allemands en Afrique.

Le *plan Morgenthau* préconisait en outre trois mesures essentielles :

1. Les autorités alliées devaient dresser une liste très complète des Allemands qualifiés de criminels de guerre et dès leur arrestation, ceux-ci devaient être abattus sur place sans jugement.
2. Plusieurs millions d'Allemands choisis parmi les Nazis, les officiers de la Wehrmacht et tous ceux qui de près ou de loin avaient collaboré avec le régime, devaient être remis aux Russes pour être employés sans contrôle comme forçats à la reconstruction des régions dévastées.
3. Tous les réfugiés, qui avaient fui la Russie Soviétique avant et pendant la guerre, devaient être livrés aux Russes où manifestement ils seraient soit fusillés, soit déportés dans les camps de concentration en Sibérie.

Une longue et violente controverse opposa à ce sujet Morgenthau aux ministres de la Guerre, des Affaires Etrangères et de la Justice. Mais tant que vécut Roosevelt, Morgenthau, fort de son appui, obtint raison sur la plupart de ces points, ainsi que tout lecteur pourra le constater en se reportant au résumé des documents Morgenthau que nous avons publié dans cet article.

Les documents Morgenthau présentent un intérêt particulier du fait de l'éminente personnalité du ministre et de l'importance des postes qu'il occupait, du fait aussi que ce sont des documents officiels du gouvernement américain. Mais il existe d'autres personnalités et d'autres documents juifs, qui les confirment et même les renforcent.

A tout seigneur, tout honneur : Bernard Baruch. En tant qu'ami personnel de Roosevelt et conseiller politique des successifs Présidents de la République américaine, Baruch occupait dans le gouvernement des États-Unis une position qui surpassait encore en importance et en influence celle de Morgenthau. Or, toujours d'après les documents du Sénat américain, Baruch trouvait le *plan Morgenthau* beaucoup trop mou. Toute sa raison de vivre maintenant, disait-il, était de veiller à ce que l'Allemagne soit entièrement désindustrialisée et se tournant vers le ministre de la Guerre, il ajoutait qu'il ne laisserait personne lui barrer le chemin.

Lui et l'équipe Morgenthau étaient soucieux de ne pas compromettre les relations d'après-guerre avec l'Union Soviétique et ils exprimaient fréquemment leurs craintes de voir la Russie encerclée par l'Occident.

*
* *

Encore une fois, nous nous sommes longuement appuyés sur les documents Morgenthau, mais ils ne sont pas les seuls de leur espèce et il y a maints autres documents juifs qui les confirment.

Parmi ceux-là, nous en avons choisi deux qui s'apparentent de près au *plan Morgenthau*. Il s'agit de deux livres dont voici les titres : « *Germany must perish* », de Theodore N. Kaufman, paru en 1941 aux États-Unis, aux éditions Argyle Press, et du livre de Michel Bar-Zohar « *Les Vengeurs* », paru en 1968 aux éditions Fayard à Paris.

Le livre de Kaufman expose un plan destiné à être appliqué à l'Allemagne après la défaite de celle-ci pour éviter à l'avenir toute possibilité de sa part d'une nouvelle guerre d'agression. Kaufman y préconise la destruction totale et intégrale de la population allemande par un moyen très simple : la stérilisation massive de tous les hommes et femmes de nationalité allemande depuis l'âge de la puberté jusqu'à l'âge de 60 ans révolus.

Lorsque j'ai eu pour la première fois connaissance de ce livre, il m'a paru tellement extravagant que j'ai eu des doutes sur l'authenticité de l'ouvrage. Je l'ai donc fait rechercher aux États-Unis et ai finalement réussi à me le procurer. Le livre est parfaitement authentique et les extraits que cite Rassinier en sont absolument exacts. Voici quelques passages du livre en question :

« Cette guerre est une guerre entre la nation allemande et l'humanité. Hitler n'est pas plus responsable de cette guerre que le Kaiser ne l'a été de la précédente, ni Bismark avant le Kaiser ; ils n'ont été que des miroirs réfléchissant les instincts séculaires de la nation allemande, instincts de guerre, de conquête et de meurtre..

« Cette guerre est menée par le peuple allemand. C'est lui qui est responsable, c'est lui qui doit payer pour la guerre, autrement, il y aura toujours une guerre allemande d'agression contre le monde. L'Allemagne a imposé au monde une guerre totale, elle doit payer une pénalité totale. Il y en a une et une seule valable : l'Allemagne doit périr pour toujours !...

« Il y a une manière et une seule de débarrasser le monde à jamais du germanisme, c'est de tarir la source en empêchant à jamais le peuple allemand de se reproduire. Il y a pour cela une méthode moderne connue sous le nom de « stérilisation eugénique », qui est à la fois pratique, humaine et totale. La population allemande comprend environ soixante-dix millions d'habitants, divisés à peu près également entre hommes et femmes. Pour obtenir l'extinction de la race allemande, il suffit de stériliser environ quarante-huit millions de personnes, en excluant par suite de leur pouvoir imité de procréation, les hommes mâles au-delà de soixante ans et les femmes au-delà de quarante-cinq ans.

« Concernant les hommes mobilisés, si nous prenons comme base le chiffre de vingt mille chirurgiens, en estimant que chacun puisse réaliser environ vingt-cinq opérations par jour, leur stérilisation totale ne prendrait pas plus d'un mois. Voici en ce qui concerne l'armée ; en trois mois, le reste de la population civile mâle allemande pourrait être opéré.

« Etant donné que la stérilisation des femmes nécessite un peu plus de temps, on peut estimer que la population féminine de l'Allemagne tout entière pourrait être stérilisée en moins de trois ans. Une stérilisation complète des deux sexes doit être considérée comme nécessaire étant donné l'actuelle doctrine de l'Allemagne, qu'une seule goutte de véritable sang germanique constitue un Allemand...

« La disparition graduelle et totale des Allemands de l'Europe n'aura pas plus d'effet nocif sur ce continent que la disparition graduelle des Indiens n'en a eu sur le nôtre. »

Ce livre est déjà relativement ancien. Son auteur porte un nom peu connu. Alors pourquoi l'avoir choisi ici ?

Parce que ce livre a eu une influence néfaste sur la conduite de la guerre. Goebbels, ce génie diabolique de la propagande s'en est emparé, comme il s'est emparé du *plan Morgenthau* et de la *proclamation de Casablanca* dans laquelle les Alliés proclamaient à la face du monde qu'ils exigeraient une capitulation inconditionnelle et globale de l'Allemagne, c'est-à-dire une capitulation qui ouvrirait toute grande à la Russie les portes de l'Europe.

Et ici, je cite à nouveau les documents Morgenthau du Sénat américain :

« Le docteur Goebbels, chef de la propagande hitlérienne, tira grand profit du *plan Morgenthau*, dont il fit un cri de ralliement du peuple allemand pour résister jusqu'à la dernière extrémité. C'est ce qui se produisit pendant plusieurs mois — tandis que les bombardiers américains écrasaient et incendiaient par douzaines les villes allemandes et par centaines les installations industrielles que les contribuables américains devraient, un jour, aider à reconstruire pour corriger le déséquilibre de l'Europe dû par suite d'une erreur monumentale de calcul, à leur victoire. »

Il est très important de noter que le livre de Kaufman a été publié aux États-Unis en 1941, alors que les Juifs n'avaient pas encore été rassemblés dans les camps de la mort. Il est permis de supposer que Hitler s'en est inspiré en prenant la décision de faire disparaître les Juifs qu'il détenait et qui lui servaient d'otages en quelque sorte. Il ne faisait ainsi que retourner contre eux les mesures d'anéantissement que Kaufman et ensuite Morgenthau, puis Baruch préconisaient d'employer contre le peuple allemand.

Il est à peu près sûr qu'au début Hitler n'avait pas l'intention de procéder à des massacres de Juifs ; il voulait en débarrasser l'Allemagne et l'Europe ; dans ce but, il commença à les rassembler dans des camps en vue de leur transfert, lorsque les circonstances le permettraient.

Mais la guerre prit pour l'Allemagne une mauvaise tournure. Hitler se vit encerclé, ses villes étaient écrasées sous les bombes, il n'avait peut-être rien à dire puisqu'il supportait le contre-coup du sort qu'il avait tenté de faire subir à Londres, Coventry, et autres lieux.

Mais néanmoins le fait était là. Sur ce, les Juifs américains Kaufman, Morgenthau, Baruch, hurlaient à la mort et annonçaient à grands cris leur intention de détruire l'Allemagne. Hitler se considéra donc à tort ou à raison — peu importe, je cherche à expliquer, non à justifier — comme en état de légitime défense. C'est dans ces conditions que fut prise la décision fatale, à laquelle le prédisposait sa nature sauvage, qui devait trouver son épilogue à Auschwitz et dans d'autres camps.

Convaincus par le livre de Kaufman, par les *documents Morgenthau* et par *la conférence de Casablanca*, que la défaite de l'Allemagne signifierait l'anéantissement du pays, le peuple allemand tout entier combattit jusqu'à l'ultime limite avec une énergie désespérée. Il en résulta un an de guerre supplémentaire, parfaitement inutile ; des centaines de milliers de morts, des destructions effroyables et surtout ce délai permit aux Communistes russes de pénétrer jusqu'au cœur de l'Europe où ils sont toujours solidement installés, et d'où ils constituent pour la civilisation occidentale une menace permanente plus grave encore que ne l'était la menace hitlérienne.

Bien avant mai 1945, les chefs de la Wehrmacht savaient que l'Allemagne avait perdu la guerre et ils cherchaient désespérément à capituler à l'Ouest pour faire barrage aux Russes à l'Est, mais ils se heurtaient à la volonté démentielle d'Hitler et à l'intransigeance de Roosevelt et de Morgenthau, désireux de protéger à tout prix les intérêts de leurs chers amis Russes. C'est dans cette situation tragique que fut monté l'attentat de juillet 1944 contre Hitler.

Nous venons de parler du livre de Kaufman, mais comme nos lecteurs ne pourront pas se le procurer(1), arrivons tout de suite au livre suivant, « *Les Vengeurs* », de Michel Bar-Zohar, qui se trouve dans toutes les librairies.

Qui est Michel Bar-Zohar ? Je n'en sais rien. Son éditeur — la vieille et honorable maison Fayard — nous dit ceci sur la couverture du livre :

« M. Bar-Zohar est né en 1938 à Sofia en Bulgarie. Il a fait de brillantes études à l'Université hébraïque de Jérusalem, puis à Paris. Il est docteur en science politique, il jouit d'une audience internationale, il est traduit et publié chez les plus grands éditeurs des États-Unis, d'Allemagne, d'Angleterre, etc…

« Pour écrire « *Les Vengeurs* », Michel Bar-Zohar a parcouru le monde, interrogé les agents secrets, les justiciers, les juges, a examiné de nombreux documents… »

Dans ce livre, « pour la première fois, nous avons non pas le récit de la poursuite de tel ou tel criminel nazi, mais un tableau d'ensemble de cette vengeance juive. »

A la suite de la victoire des Alliés et de l'occupation de l'Allemagne, certains groupements juifs pénétrèrent en Allemagne, plus spécialement dans les zones anglaises et surtout américaines : petites unités militaires juives, constituées dans les armées anglo-saxonnes, interprètes, membres des Services de Renseignements anglo-américains, auxiliaires divers, etc… Ce livre nous décrit leur comportement en Allemagne. Un mot revient sans cesse comme un leitmotiv obsédant : la Vengeance juive.

---

1. — D'un clic hâtif, sur ce lien, vous pourrez en découvrir sa réalité : Kaufman Theodore Newman ; Germany must perish.

Nous allons en citer quelques cas typiques :

Une petite brigade juive constituée en unité autonome dans l'armée anglaise est au repos à Brinsighella près de Bologne, en Italie. « Soudain une rumeur se répand parmi les soldats, comme un feu de poudre : « On va nous envoyer en Allemagne en qualité de troupe d'occupation ». Ces hommes, ces volontaires palestiniens savent que les autorités militaires britanniques ont longtemps hésité avant de les mettre en contact avec des Allemands, soldats ou civils. Il y avait en effet à craindre, non sans raison, que le désir de vengeance ne soit plus fort chez les soldats juifs que le sens de la discipline. « Aller en Allemagne !... »

Les hommes commentent la nouvelle, s'agitent, s'excitent : « Ce serait trop beau ! ».

« Qu'on nous laisse un mois seulement, un mois, disent-ils, après cela, « *ils* » n'oublieront jamais. Cette fois ils auront vraiment une raison de nous haïr. On fera un seul pogrom, en chiffres ronds, mille maisons brûlées, cinq cents tués, cent femmes violées... » Et l'on entend des garçons dire : « Il faut que je tue un Allemand, de sang-froid, je le dois. Il faut que je viole une Allemande... Après je m'en moque.... Pourquoi serions-nous le seul peuple, nous autres Juifs, à subir Auschwitz et le ghetto de Varsovie, à garder toute cette horreur dans la mémoire de notre peuple ? Il faut que les Allemands, eux aussi, aient un nom à se rappeler, celui d'une ville que nous aurons anéantie, que nous aurons rayée de la surface de la terre. Voilà notre but de guerre, la vengeance, et non pas les quatre libertés de Roosevelt ou la gloire de l'Empire britannique ou les idées de Staline. La vengeance, la vengeance juive... »

« La veille du jour prévu pour le départ pour l'Allemagne, des prises d'armes ont lieu dans les régiments palestiniens. Face au drapeau, un caporal lit les « *Commandements du soldat hébreu en terre d'Allemagne* » :

- « Souviens-toi que la brigade juive combattante est en Allemagne une force d'occupation juive ;
- « Souviens-toi que notre apparition en tant que Brigade, avec notre emblème et notre drapeau, face au peuple allemand, est, en soi, une vengeance ;
- « Souviens-toi que la vengeance du sang est la vengeance de la communauté tout entière, et que tout acte irresponsable va à l'encontre de l'action de notre communauté ;
- « Conduis-toi en Juif fier de son peuple et de son drapeau ;
- « Ne salis pas ton honneur avec eux et ne te mêle pas à eux
- « Ne les écoute pas et ne va pas dans leurs maisons ;
- « Honnis soient-ils, eux et leurs femmes et leurs enfants, et leurs biens et tout ce qui est à eux ; honnis pour toujours
- « Rappelle-toi que ta mission est le sauvetage des Juifs, l'immigration en Israël, la libération de la patrie ;
- « Ton devoir est : dévotion, fidélité et amour envers les rescapés de la mort, les rescapés des camps. »

« Figés dans un garde à vous impeccable, tous leurs muscles durcis, les soldats de la Brigade juive écoutent en silence. Sous leur apparente impassibilité roule la haine, mêlée à une joie immense. Le romancier israélien Hanoch Bartov, alors jeune combattant de la Brigade, écrira plus tard :

« Le sang battait dans nos veines. Nos bataillons rangés sous les armes, nos camions, nos véhicules de combat, prêts au départ, notre drapeau déployé, les paroles que nous venions d'entendre, cela faisait un tout. Nous vengerions notre peuple, sans plaisir, sans prendre goût à cette tâche, mais nous le vengerions. Nous allions devenir, pour l'éternité, les ennemis implacables des tortionnaires de notre peuple. Et chacun de nous pensait : « Demain ! Demain, je serai en Allemagne... »

« Le commandement britannique décida au dernier moment pour éviter tout incident que la Brigade juive resterait en Italie... La mort dans l'âme, les soldats hébreux obéirent. La vengeance s'éloigne. L'Allemagne leur reste interdite.

« Peu de temps après l'arrivée de la Brigade juive à Tarvisio, des désordres se produisent dans la ville : Allemands attaqués, maisons appartenant à des nazis incendiées, femmes violées. On ne trouve pas les coupables mais le commandement de la Brigade, formé d'officiers juifs affiliés à la Hagana, s'inquiète. Ces violences désordonnées nuisent à la cause juive. Il faut canaliser le sentiment de vengeance qui domine chez tous les soldats juifs de Tarvisio, et c'est dans ce dessein que les chefs de la Hagana décident de confier à un seul petit groupe d'hommes particulièrement sûrs et connus pour leurs qualités morales le droit de verser le sang au nom du peuple juif tout entier. »

Et voilà ce que nous dit un de ces vengeurs :

« Notre mission ici allait être la vengeance.

« Mais d'abord il fallait savoir qui frapper. Il faut que la culpabilité des victimes soit certaine. Les vengeurs de la Hagana tueront, mais ils ne tueront qu'à bon escient. Ce principe va déterminer toute leur action.

« Pour trouver les coupables, leur première source d'information, ce sont les services de renseignements alliés qui possèdent des dossiers concernant les criminels de guerre recherchés, et des listes d'officiers SS et de nazis habitant dans la région. Dans ces services travaillaient des Juifs, anglais et américains, et même des palestiniens. « C'étaient eux, me disait un ancien du groupe, aujourd'hui général, qui, à l'insu de leurs supérieurs, nous fournissaient régulièrement des renseignements. , Mais les dossiers et les listes ne suffisaient pas toujours et tous n'étaient pas accessibles.

« Par ordre de la Hagana, un deuxième groupe de vengeurs fut formé au sein de la Brigade juive. Par précautions, chacun des deux commandos ignora l'existence de l'autre ; seuls les chefs étaient au courant.

Les méthodes dans chaque groupe étaient à peu près identiques. Le lieutenant-colonel Marcel Tobias, qui, en tant que jeune volontaire, fit partie de ce deuxième groupe, a rapporté ceci, en 1964, à un journaliste israélien :

« La camionnette bâchée s'arrêtait à l'endroit indiqué et nous emmenions l'officier SS sous prétexte d'une « enquête de pure forme ». A l'arrière se trouvaient trois soldats de la police militaire qui ne soufflaient pas un mot. Lorsque nous arrivions à un étang ou une rivière, le SS était étranglé, son corps lié par une corde à une grosse pierre, et jeté à l'eau. Au retour, je quittais la camionnette à deux kilomètres du camp et je rentrais à pied, pour ne pas éveiller les soupçons. »

« Ainsi presque chaque soir, pendant des mois, les vengeurs de la Brigade juive parcourent les routes, les villes et les villages du Nord de l'Italie, de l'Autriche et du Sud de l'Allemagne. Ils ne se reposent que lorsque les officiers palestiniens responsables des commandos sont de garde au camp ou affectés à une mission particulière. Il arrive aussi que les missions punitives soient suspendues quelque temps par prudence, car des rumeurs commencent à circuler. »

« Nous ne sommes pas des assassins. Croyez-moi, ce ne fut pas toujours facile.

« Non, nous ne craignions pas le danger. En fait, ce que nous faisions n'était pas dangereux. Rien de très grave ne pouvait nous arriver. Nos actions n'étaient pas destinées à servir d'avertissement, pour l'avenir, à ceux qui pourraient être tentés de recommencer les horreurs du nazisme. Non, c'étaient des actions secrètes, qui devaient rester secrètes. Ce n'est pas de la façon dont nous agissions qu'on lance des avertissements aux gens. Pourquoi ne pas le dire ? Notre action, c'était de la vengeance, pure et simple. Connaissez-vous l'expression « la saveur très douce de la vengeance » ? Pour moi, c'était cela, je l'avoue. Exécuter un nazi dont je savais que lui ou l'un de ses semblables avait arraché un bébé des bras de sa mère, lui avait brisé la tête contre un mur, puis avait abattu la mère d'un coup de feu sous les yeux de son mari, ce châtiment, oui, avait ce goût très doux, très savoureux, de la vengeance. J'ai tué. Et je peux vous dire une chose : s'il avait fallu le refaire, je l'aurais refait. Car pour agir ainsi nous avions une grande justification morale. Et depuis, pas une seule fois, je n'ai éprouvé un remords. »

« Combien de nazis tombèrent sous les coups de la Brigade juive ? Les estimations sont très variables, et le fait s'explique puisque la majorité des vengeurs n'a jamais connu que les opérations auxquelles ils ont pris part personnellement. Selon Gil'ad, le commando aurait opéré presque chaque nuit pendant six mois : il aurait donc à son actif environ cent cinquante exécutions. A ce chiffre, on doit ajouter les nazis qui furent découverts parmi les faux malades à l'hôpital de Tarvisio et mis à mort. Un autre vengeur auquel on peut accorder foi m'a dit : « Entre deux cents et trois cents personnes. »

« Mais ce n'est pas essentiellement le nombre des nazis exécutés qui est intéressant, car, quel qu'il ait été, il n'a pu être que dérisoire par rapport à l'étendue de leurs crimes et au nombre de leurs victimes. Ce que j'ai voulu comprendre et montrer, ce sont les sentiments de ces hommes, leur état d'esprit, les mobiles auxquels ils obéirent, et j'ai cherché à savoir ce qu'ils en pensent aujourd'hui, vingt ans après.

« J'ai longuement interrogé plusieurs de ces vengeurs. La première conclusion à laquelle je suis arrivé, c'est que ces hommes, sans exception, se sentaient, à l'époque, investis d'une mission historique, nationale. Ils se considéraient comme les représentants de tout un peuple. Tous aujourd'hui sont convaincus d'avoir agi comme ils avaient le devoir, l'obligation de le faire. Leur soif de vengeance et son assouvissement ne paraissent pas avoir affecté leur honnêteté, leur intégrité morale, leur équilibre. Connus ou inconnus, presque tous occupent aujourd'hui, en Israël, des postes civils ou militaires importants. Ils sont des hommes normaux. »

La plupart des victimes allemandes étaient d'anciens Nazis, SS et autres, ce qui pouvait expliquer et en partie justifier les actions de représaille juive mais ce n'était pas toujours le cas, loin de là, puisque Bar-Zohar nous raconte que lorsque des membres du groupement juif circulaient en auto sur les routes et voyaient un Allemand isolé qui cheminait sur la route à bicyclette par exemple, ils ouvraient brusquement les portières de l'auto au moment où ils arrivaient à sa hauteur et l'Allemand ainsi heurté par derrière, roulait sous les roues de l'auto où il était écrasé.

Bar-Zohar nous parle ailleurs d'un groupement constitué en Allemagne sous l'égide de la Hagana, le groupe « Nakam ». Voici ce qu'il en dit :

« L'état-major du groupe Nakam a mis trois projets à l'étude, A, B et C.

« Le projet principal, dit Béni, était le projet B. Il fallait frapper d'une façon massive les SS et autres nazis rassemblés dans les camps. Nous craignions, non sans raison, qu'ils ne soient bientôt libérés et ne regagnent, impunis, leurs foyers. Une fois le projet B accompli, nous voulions passer au projet C : poursuivre et châtier les criminels nazis notoires dont nous pourrions retrouver la trace.

— « Et le projet A ? » demandai-je.

« Beni parut un peu mal à l'aise, mais il finit par me répondre : « A l'état-major du groupe Nakam fut élaboré un projet dont la teneur ne fut communiquée qu'à quelques-uns. Beaucoup de temps et beaucoup d'argent furent consacrés à la mise sur pied de ce plan. Si nous réussissions, nous le savions, toute autre action deviendrait inutile. Aujourd'hui, avec le recul des années, on peut qualifier ce projet de diabolique. Il s'agissait de tuer des millions d'Allemands. Je dis bien, des millions, d'un seul coup, sans distinction d'âge ou de sexe. La principale difficulté c'était que nous ne voulions frapper que des Allemands. Or, sur l'ancien territoire du Reich se trouvaient des soldats alliés et des ressortissants de toutes les nations d'Europe, libérés des camps de travail, échappés des camps de concentration. Et puis, certains d'entre nous ne pouvaient se résoudre à accomplir un acte aussi terrible, même contre des Allemands...

« C'est ainsi que nous nous sommes consacrés principalement au projet B. Après quelques mois de recherche, nous avons choisi notre terrain d'action, un camps près de Nuremberg — cette ville qui avait été le haut lieu du nazisme. Là, trente-six mille SS avaient été rassemblés. C'est vers ce camp qu'un petit groupe de reconnaissance se dirigea au début de 1946 pour accomplir le premier acte de vengeance.

« Nous avions décidé, dit Jacob, d'empoisonner les trente-six mille SS et c'est moi qui étais chargé de l'exécution du projet. »

« Nos agents ne tardèrent pas à découvrir que l'approvisionnement du camp en pain était fait par une grande boulangerie industrielle de Nuremberg dont les bâtiments se trouvaient dans les faubourgs de la ville, près de la ligne de chemin de fer. Chaque jour arrivaient au camp des milliers de pains, du pain noir et du pain blanc.

« Il nous fallait d'abord savoir lesquels de ces pains étaient destinés aux prisonniers et lesquels étaient consommés par les soldats alliés, américains, britanniques et polonais, qui assuraient la garde des prisonniers. Je fis embaucher un de nos hommes à la boulangerie... Sachant cela, nous sommes passés à la deuxième étape. Nous avons prélevé des échantillons de pain et les avons envoyés à nos experts. »

« Dans ces laboratoires, des ingénieurs chimistes authentiques procédèrent à diverses expériences, essayant successivement plusieurs poisons. Il ne faut pas que le poison agisse trop vite car alors, ceux des SS qui auraient vu leurs camarades tomber foudroyés après avoir mangé du pain, prendraient des mesures en conséquence. »

« Le groupe a des complices parmi les soldats américains de confession juive préposés à la garde du camp.

« Nous sommes en avril 1946. Les préparatifs s'achèvent. »

« Nous voulions empoisonner quatorze mille pains, ce qui représentait six heures de travail au moins pour cinq hommes. Il fallait aussi deux hommes pour remuer sans cesse le mélange dans le chaudron car l'arsenic avait tendance à se séparer des autres ingrédients.

« Nous avions décidé d'opérer dans la nuit d'un samedi à un dimanche, pour deux raisons : le dimanche, la boulangerie était fermée, et le délai entre la préparation du pain et son transport au camp était prolongé de vingt-quatre heures. »

« C'est ainsi que fut choisie la nuit du 13 au 14 avril 1946. »

Ce jour-là, il se produisit au dernier moment un contretemps inattendu. Un orage d'une violence extrême s'abattit sur la région ; les gardiens allemands et les policiers américains restèrent toute la nuit en alerte et les exécuteurs durent s'enfuir en pleine nuit mais ils réussirent à couvrir leurs traces.

« Ainsi l'opération « *pain empoisonné* » était un échec. Pas tout à fait pourtant, car les vengeurs avaient eu le temps de badigeonner plus de deux mille boules. Le lundi 15 avril 1946, pains empoisonnés et pains intacts furent livrés au camp et distribués à raison d'un pain pour cinq ou six prisonniers. Dans la journée, plusieurs milliers de SS furent pris de violentes coliques. Selon les rumeurs dont certains journaux se firent l'écho, douze mille Allemands auraient été victimes du pain à l'arsenic et plusieurs milliers en seraient morts.

« Ces chiffres sont exagérés. Selon les estimations des vengeurs, quatre mille trois cents prisonniers auraient été incommodés. Un millier environ fut transporté d'urgence dans les hôpitaux américains. Dans les jours qui suivirent l'opération, sept cents à huit cents prisonniers moururent, D'autres, frappés de paralysie, moururent dans le courant de l'année.

« Au total, les vengeurs avancent le chiffre de mille morts.

« La police militaire américaine ne fut pas longue à remonter la filière. Le pain mena les enquêteurs à l'entrepôt. Ils découvrirent le chaudron contenant le mélange, et tout l'équipement. Mais lorsqu'il s'agit de l'identité des responsables, les recherches aboutirent à une impasse. Terrifié à, l'idée que la nouvelle risquait de se répandre dans les autres camps de prisonniers et dans la population civile allemande ; le commandement américain fit tout pour étouffer l'affaire. La censure militaire alla jusqu'à interdire à la presse allemande de publier des informations sur l'empoisonnement. »

Les membres de l'équipe Nakam qui avaient participé à l'opération réussirent à s'enfuir à l'étranger, où ils trouvèrent refuge en France.

« Les vengeurs ne restèrent pas longtemps en France, en Italie ou en Tchécoslovaquie. Une fois apaisée l'émotion soulevée par l'affaire, ils partirent de nouveau pour l'Allemagne.

« La vengeance continuait. »

« Dans le courant de l'année 1946, pourtant, des difficultés surviennent. Les dirigeants de la Hagana et des organisations juives manifestent des réticences de plus en plus marquées devant les projets d'activité des vengeurs.

« Nous nous sentions abandonnés, me dit Moshe, le chef des opérations pour l'Europe du groupe Nakam. Nous avions accompli des actes de vengeance en Belgique, en Hollande, en France. Les Gentils que nous avions rencontrés là-bas nous comprenaient mieux que certains Juifs, mieux que ces Palestiniens nos frères. Nous avons eu des discussions déchirantes avec des gens dont nous pensions qu'ils auraient dû nous aider. Ceux de la Hagana, entre autres. »

« Certains projets particulièrement spectaculaires rencontrèrent l'opposition de la Hagana.

« Dès la fin de 1945, un plan de grande envergure avait été mis au point : exécuter les vingt et un accusés du procès de Nuremberg, soit en les empoisonnant, soit en faisant éclater une bombe dans la salle du tribunal, soit en faisant abattre les Nazis, en pleine séance, par un commando armé.

« Tous ces projets furent abandonnés, dit Jacob, mais je peux vous dire une chose, ils n'étaient pas utopiques, et nos préparatifs étaient très avancés. Pourtant nous n'avons rien fait parce que nous ne voulions pas frapper des personnes innocentes. »

« A défaut de pouvoir exécuter les vingt et un accusés de Nuremberg, le groupe Nakam revint à son projet A : exterminer, par un moyen ou par un autre, plusieurs millions d'Allemands.

« La Hagana est consciente des risques de pareilles opérations. Elle sait qu'elles sont de nature à donner du peuple juif une image très défavorable. Aussi s'efforce-t-elle de soumettre à son obéissance le Groupe des Vengeurs. Le groupe Nakam a-t-il tenté de passer outre et de mettre à exécution son projet A ? »

Toujours est-il qu'il fut dissous et ses membres transportés en Palestine.

« Pourtant, à la même époque, un projet de représailles massives contre le peuple allemand fut sur le point d'aboutir. Il était l'oeuvre d'un Groupe de Vengeurs qui avait cette particularité : les non-Juifs y étaient la majorité.

« C'est un journaliste israélien, S. Nakdimon, qui fit les premières révélations sur ce groupe. D'autres sources que je me suis engagé à ne pas révéler ont complété mes informations.

« L'intention de ces hommes fut d'abord d'incendier simultanément plusieurs villes d'Allemagne. Plus tard, ils projetèrent d'empoisonner la population de Berlin, de Munich — berceau du nazisme — de Nuremberg, de Hambourg et de Francfort.

« Techniquement, le problème n'était pas insoluble.

« Il suffisait d'introduire du poison dans les réservoirs d'eau potable. La grosse difficulté ici encore était d'éviter de porter atteinte aux soldats des troupes d'occupation et aux réfugiés non-allemands qui se trouvaient dans ces cinq villes.

« Nuremberg qui avait vu l'insolent triomphe des Nazis fut choisi pour être frappé en premier.

« Des hommes de notre groupe, m'a-t-il dit, s'étaient fait embaucher comme ouvriers et comme techniciens dans les compagnies de distribution d'eau. Une fois que nous avons très bien connu tout le système de distribution, nous avons mis au point un plan très compliqué qui consistait à couper l'eau, à l'heure H, aux casernes occupées par les Alliés et aux quartiers dans lesquels les non-Allemands se trouvaient en majorité. Ces zones auraient été épargnées. Tout le reste de Nuremberg aurait reçu de l'eau empoisonnée. Aucun Allemand, en somme, n'aurait dû survivre, sauf les ivrognes…

« Il fallait aussi se procurer du poison, et ce n'était pas facile. Dans un grand pays d'outre-mer, un savant accepte de fournir aux vengeurs ce qu'ils cherchent. Le poison, dissimulé dans un sac de soldat, est confié à un permissionnaire qui rejoint son unité. Il a pour consigne de remettre le sac à une certaine adresse, en France. »

« La formule est au point. Pourtant, le projet ne sera jamais mis à exécution.

« Pourquoi ? Sur ce point, les témoignages que j'ai recueillis ne concordent pas.

« En relatant divers épisodes de ce phénomène étrange et mal connu qu'est la vengeance juive, je me suis efforcé de citer, avec le minimum de commentaires, les témoignages que j'ai recueillis. De ces récits, confidences, révélations que des dizaines d'hommes ont bien voulu me faire se dégage un certain nombre de faits et de notions qui expriment le caractère particulier, unique dans l'histoire, de ces représailles.

« Tout d'abord les personnages. Ce qui frappe, c'est que les vengeurs furent des hommes purs et probes, aussi bien ceux de la Brigade juive que ceux du groupe Nakam, de la Deutsche Abteilung, du Centre de Documentation de Vienne ou d'autres groupes. Leur comportement et leur conduite démontrent une profonde honnêteté intellectuelle et morale. Rigoureux contre les bourreaux nazis, ils l'étaient également envers eux-mêmes. Le désir de faire justice, le souci de ne pas frapper des innocents dominent tous les épisodes de la vengeance. Nous l'avons vu, les projets relatifs à des actions de représailles massives contre le peuple allemand ne furent jamais mis à exécution. »

« ... Pourtant, quand ils frappaient, c'était moins pour venger un père ou un frère que le peuple juif tout entier. Chacun des vengeurs avait le sentiment d'être investi d'une mission par tous les survivants et par tous les morts de la nation juive. Cette mission : punir. Ne pas permettre que celui qui a massacré des centaines d'hommes désarmés, de femmes, de vieillards et d'enfants, retourne tranquillement à ses petites affaires après avoir passé quelques mois dans un camp de prisonniers ou purgé une peine de prison dérisoire.

« Ils noyèrent, ils empoisonnèrent, Ils abattirent d'une balle dans la tête des centaines de Nazis, ils ne les volèrent pas, ils ne se livrèrent à aucun acte de « récupération ». C'est que tous avaient conscience que la vengeance, acte de sang, devait demeurer, sur ce plan, irréprochable. »

« Paradoxalement, c'est la création de l'État d'Israël qui a le plus contribué à limiter la vengeance juive. S'il n'y avait pas eu cet Etat hébreu à faire naître, qui requérait toutes les énergies, tous les sacrifices, il est certain que le nombre de *criminels nazis* exécutés eut été beaucoup plus grand. On a vu qu'entre les organisations juives de Palestine et les vengeurs, l'opposition fut parfois très vive. C'est qu'entre la vengeance et la création d'Israël — deux devoirs sacrés aux yeux de ces hommes, — le choix était souvent difficile.

« La Hagana s'opposa d'une façon très déterminante à des représailles massives contre le peuple allemand pour ne pas susciter dans l'opinion internationale un mouvement d'hostilité à l'égard des Juifs.

Et les vengeurs, de leur côté, auraient voulu être mandatés officiellement, d'abord par les organisations juives, puis par l'État d'Israël, afin que la vengeance pût avoir lieu au grand jour, sans camouflage, et que le monde sût qui frappait, et pourquoi. »

*
* *

Ces livres où il n'est question que de haine juive, de vengeance juive, nous laissent une profonde impression de malaise. En outre, ils nous montrent clairement que le peuple juif, la nation juive constituent une entité qui englobe tous les Juifs, ceux d'Israël, ceux de la Diaspora et de la Palestine. C'est l'éternel problème de la double nationalité qui se pose pour les Juifs de la Diaspora.

Mais revenons aux *documents Morgenthau*. La vengeance juive, ce leimotiv emplissait déjà les pages du *livre d'Esther* dans la *Bible*, il y a trois mille ans.

Il obsédait Bernard Baruch, Morgenthau et son équipe ; il a orienté toutes leurs actions.

« Les SS servirent des buts jugés criminels par le Tribunal International de Nuremberg, à savoir la persécution et l'extermination des Juifs, des atrocités et des assassinats dans les camps de concentration, les abus de pouvoir dans les pays occupés, la mise en œuvre du plan de travail forcé, les mauvais traitements et meurtres des prisonniers de guerre. »

Génocides, assassinats dans les camps de concentration, mise en œuvre d'un plan de travail forcé, meurtres des prisonniers de guerre, ne sont-ce pas là des faits que l'on retrouve dans le *plan Morgenthau*, dans le livre de Kaufman et dans le comportement des groupements juifs en Allemagne occupée, tels qu'ils sont décrits par Michel Bar-Zohar ?

Or, de 1934 à 1945, Morgenthau et son équipe ont inspiré et dirigé la politique américaine vis-à-vis de l'Allemagne, de l'Europe et de la Russie.

Faut-il en conclure que pendant toute cette période cruciale de l'histoire, la politique et la puissance américaine ont été mise au service de la haine et de la vengeance juives ?

Il est permis de se poser la question.

Léon de Poncins

C'est comme cela qu'ils nous aiment.

Le prisonnier plongeant la main dans son sac, pour offrir à ces enfants, le peu qu'il a, n'est autre que le père (†) de Lenculus.

*C'est comme cela qu'ils nous aiment.
Allemands des Sudètes déplacées (1945)*

La tragédie des *"Wolfskinder"* dans l'Allemagne d'après-guerre
Pieter Aerens

Le terme allemand *"Wolfskinder"* — littéralement "enfants-loups" — désigne les orphelins de guerre allemands qui, après la capitulation du Troisième Reich, ont été laissés à eux-mêmes et qui, à la recherche de nourriture en dehors des frontières allemandes, ont erré dans des pays étrangers, surtout en Pologne, en Lithuanie et en Union Soviétique (dans la partie de la Prusse Orientale annexée à l'URSS). Leur nombre s'élève à plusieurs milliers d'enfants et leur sort fut bien souvent épouvantable. Beaucoup de *"Wolfskinder"*, d'*"*enfants-loups*"*, sont morts de faim, ont été assassinés, violés, maltraités ou exploités comme esclaves. Quelques centaines d'entre eux ont été recueillis par des familles lithuaniennes (souvent sans enfant), puis adoptés. Ils ont perdu ainsi leur identité allemande. Après la fameuse "Wende", le "tournant", c'est-à-dire après la chute du Rideau de Fer et du Mur de Berlin, les autorités allemandes officielles ont montré pour la première fois de l'intérêt pour ces "enfants-loups" qui étaient entretemps devenus des quadragénaires voire des quinquagénaires. Les médiats aussi leur ont consacré de l'attention.

A la demande de la chaine de télévision ZDF, la journaliste Ingeborg Jacobs a réalisé un documentaire en trois volets, intitulé *"Kinder der Flucht"* ("Enfants de l'Exode"). Ce documentaire a été télédiffusé en 2006 et a suscité énormément d'intérêt. Le sort affreux de ces "enfants-loups" a soulevé une émotion générale dans tout le pays. Dans son documentaire, la journaliste et réalisatrice Ingeborg Jacobs, traite du cas épouvantable de Liesabeth Otto, qui avait sept ans en 1945. Mais Ingeborg Jacobs n'a pas pu exploiter toute la documentation qu'elle avait glanée pour son reportage ; elle a alors décidé de publier un livre particulier, consacré uniquement à Liesabeth Otto (*"Wolfskind : Die unglaubliche Lebensgeschichte des ostpreussischen Mädchens Liesabeth Otto"* – "Enfant-Loup : l'incroyable biographie d'une petite fille de Prusse Orientale, Liesabeth Otto", Munich, Propyläen, 2010). Avant d'avoir publié l'histoire de Liesabeth Otto, Ingeborg Jacobs avait déjà, en 2008, édité un ouvrage sur les viols en masse des filles et femmes allemandes par les soldats de l'armée soviétique. *"Freiwild : Das Schicksal deutscher Frauen 1945"* – "Gibier à disposition : le sort des femmes allemandes en 1945"). Mais bornons-nous ici à recenser le calvaire de Liesabeth Otto.

Le père de la petite Liesabeth était un pauvre ouvrier plâtrier, mobilisé par l'armée : il avait été porté disparu dans la tourmente de la guerre. La mère de la fillette meurt de faim et d'épuisement en mai 1945 dans la ville de Dantzig, complètement détruite par les opérations militaires et les bombardements. Avec sa sur aînée et son frère, Liesabeth essaie de survivre. Les journées se passaient à chercher quelque chose de mangeable. Ils mangeaient de tout : des chats, des moineaux, ... Les feuilles de tilleul ou les orties étaient considérées comme des friandises. Pour un misérable quignon de pain, Liesabeth se dispute violemment avec sa sœur aînée et prend la fuite. Sa sœur aurait littéralement crevé de faim en 1947, à l'âge de seize ans. En Prusse Orientale, des centaines de milliers d'Allemands sont morts de faim entre 1945 et 1948. Les Soviétiques et les Polonais refusaient d'aider les Allemands enfermés dans des camps. Ils se bornaient à les hisser sur toutes sortes de moyens de transport pour les envoyer vers l'Ouest. L'expulsion de près de cinq millions de personnes constitue la plus grande opération d'épuration ethnique de tous les temps.

Jetée dans les flots de la Memel

Liesabeth s'est alors introduite comme passager clandestin dans un train de marchandises qui roulait en direction de la Lithuanie. Pendant le long voyage, elle a mangé des petites boulettes qui avaient un drôle d'air et un goût bizarre. Sa faim était trop forte. Elle ne le savait pas, ne pouvait le savoir : c'était du crottin séché. A l'arrivée, elle est tombé inconscient sur le quai. Un homme l'a prise en pitié et l'a amenée chez lui. L'épouse de ce brave homme s'est occupée d'elle, lui a coupé les cheveux qui étaient pleins de poux et a jeté au feu ses vêtements qui sentaient horriblement mauvais. Pendant un certain temps, tout alla bien avec Liesabeth. Jusqu'au jour où des gamins de rue l'ont attrapée et ont joué *"P'tit Hitler"* avec elle. Les enfants en général sont souvent très cruels avec les plus faibles et les plus jeunes d'entre eux. Cette cruauté a frappé Liesabeth, à l'âge de huit ans. Après que les sauvageons l'aient rouée de coups de poing et de pied, ils l'ont pendue et ils ont pris la fuite. Un passant, qui cheminait là par hasard, l'a sauvée de justesse d'une mort par strangulation. Plus tard, elle a souvent pensé que ce passant n'aurait jamais dû l'apercevoir. Tenaillée par la peur, elle n'a plus osé revenir au foyer de l'homme qui l'avait trouvée dans la gare et de la femme qui l'avait soignée.

Aussi solitaire qu'un loup, elle a erré pendant un certain temps dans la forêt. Un jour, la gamine fut battue presque à mort par un paysan parce qu'elle lui avait volé un poulet. Âgée de huit ans, elle fut violée une première fois puis enfermée dans un sac et jetée dans les flots de la rivière Memel. On la sauva une fois de plus.

Pendant quelques temps, elle a trouvé refuge chez un groupe de *"Frères de la Forêt"* —les "Frères de la Forêt" lithuaniens menaient une guerre de guérilla contre l'occupant soviétique— pour qui elle servait de courrier. Liesabeth, qui fut alors rebaptisée *"Maritje"*, fut bien traitée par les résistants lithuaniens et reçut suffisamment à manger. En 1949, elle a dû abandonner ses protecteurs. La situation devenait trop dangereuse pour les "Frères de la Forêt" Ils ne pouvaient plus s'occuper des *"enfants-loups"* allemands qui se trouvaient parmi eux. Pendant de nombreuses années, d'anciens soldats allemands luttaient avec les Lithuaniens dans cette guerre de partisans.

LE GOULAG

A la fin de 1949, les derniers Allemands de Prusse orientale furent déportés vers l'Ouest. Tous les Allemands devaient se rassembler en des lieux préalablement indiqués. Liesabeth voulait aller en Allemagne de l'Ouest. Des gens, qui lui voulaient du bien, la dissuadèrent d'entreprendre ce voyage. Les trains, disaient-ils, ne prendraient pas la direction de l'Allemagne mais de la Sibérie. Liesabeth, qui vient d'avoir onze ans, les croit et poursuit ses pérégrinations.

Pour avoir à manger, elle travaille dur dans des fermes. Parfois, elle vole. A quinze ans, elle est prise la main dans le sac et livrée à la milice soviétique. Les miliciens communistes ne montrèrent pas la moindre pitié et l'envoyèrent dans une prison pour enfants, à 400 km à l'Est de Moscou. Là-bas régnait la loi du plus fort. Les raclées et les viols étaient le lot quotidien des internés. Les autorités du camp laissaient faire. Liesabeth/Maritje tomba enceinte et donna son bébé à une détenue qui venait d'être libérée. Au bout de quelques jours, l'enfant mourut. Dès qu'elle eut fêté ses dix-huit ans, Liesabeth/Maritje fut expédiée au goulag, dans un camp pour dangereux criminels de droit commun. Elle y fut régulièrement rossée et violée. Elle donna la vie à une deuxième fille mais le bébé était trop faible et décéda dans le camp. Elle ne fut libérée qu'en 1965. Elle avait vingt-sept ans.

Cette femme, durcie par les privations, n'avait toutefois pas d'avenir. Qui irait donc embaucher une femme qui avait fait autant d'années de prison ? Finalement, Liesabeth/Maritje trouve du travail au sein d'une *"brigade de construction"*, qu'on expédie à Bakou dans le Caucase. Les hommes considéraient que toutes les femmes étaient des prostituées. Pour échapper à cette suspicion permanente, elle se marie et donne naissance à une troisième fille, Elena. Mais le mariage ne dure pas longtemps. Liesabeth est souvent battue par son mari, qui, de surcroît, la traite, elle et sa fille, de "sales fascistes allemandes". Après trois ans de mariage, c'est le divorce.

Epilogue à Widitten

L'heureux dénouement ne vint qu'en 1976. Grâce à une recherche menée par la Croix Rouge allemande, elle a pu reprendre contact avec son père et son frère Manfred. Après 31 ans de séparation, ce fut pour elle une émotion intense de retrouver son père et son frère à Braunschweig. Un interprète était présent. Liesabeth ne prononçait plus que quelques mots d'allemand, avec grande difficulté. Pourtant cette rencontre n'eut pas que des conséquences heureuses. Manfred n'était pas fort content de retrouver sa sœur. Pendant de nombreuses années, il avait vécu en pensant que sa sœur était morte. Or voilà qu'elle réémerge quasiment du néant et qu'il doit partager l'héritage paternel avec elle. Liesabeth ne se sent pas heureuse en Allemagne et repart avec sa fille Elena en Russie, où on l'insulte en permanence, où on la traite de "Boche" et de "fasciste". En Allemagne, les voisins la désignaient sous le terme *"Die Russin"*, "la Russe". Liesabeth/Maritje n'avait plus de nationalité…

Son père veilla toutefois à ce qu'elle puisse acheter et meubler une petite maison avec un lopin de terre à Widitten en Prusse Orientale. Au début, elle se heurta à l'hostilité de ses voisins russes. La mère comme la fille étaient saluées chaque jour que Dieu fait par de vibrants *"Heil Hitler !"*. On maltraitait leurs animaux. Ce n'est qu'après l'implosion de l'URSS que leur situation s'est bien améliorée. En 1994, Liesabeth reçoit pour la première fois la visite d'Ingeborg Jacobs.

Des voix s'élèvent en Allemagne pour donner, au moins à une école, le nom d'un "enfant-loup" oublié, après 65 ans… Sera-ce fait ?

Henry Morgenthau

À son bureau dans le départe-ment du Trésor des États-Unis.

D'un trait de plume, le mal-heur s'est abattu sur les peuples avides de paix. Pour le plus grand plaisir de son D.aïmon.

RÉPUBLIQUE FRANÇAISE

FAITES RELEVER VOS RUINES
par ceux qui en sont responsables

FAITES EMBELLIR VOS CITÉS
par ceux qui voulaient les détruire

FAITES TRAVAILLER LES PRISONNIERS ENNEMIS

Le 23 décembre 1945, le général Patton a été réduit au silence pour toujours.

Extrait du journal du général George S. Patton

« Aujourd'hui, nous avons reçu des ordres... dans lesquels on nous a dit de donner aux Juifs des aménagements spéciaux. Si l'on fait cela pour les juifs, pourquoi ne pas le faire pour les catholiques, les mormons, etc. ?...

Nous portons aussi aux Français plusieurs centaines de milliers de prisonniers de guerre pour qu'ils les utilisent comme des esclaves en France. Il est amusant de rappeler que nous avons combattu en une révolution sanglante pour dans la défense des droits de l'homme et une guerre civile pour abolir l'esclavage et maintenant, nous sommes revenus sur ces deux principes. »

www.ingramcontent.com/pod-product-compliance
Lightning Source LLC
LaVergne TN
LVHW041541060526
838200LV00037B/1078